LA GUERRE

DANS

L'AFRIQUE AUSTRALE

A. CONAN DOYLE
Auteur de " La Grande Guerre Boer "

LA GUERRE

DANS

L'AFRIQUE AUSTRALE

CAUSES ET CONDUITE

Traduit de l'Anglais par F.-C. de SUMICHRAST
Professeur à l'Université Harvard, Massachusetts (États-Unis)

PRIX : Cinquante centimes

LIBRAIRIE GALIGNANI
PARIS, 224, Rue de Rivoli | NICE, 8, Avenue Masséna

PRÉFACE

AU PUBLIC FRANÇAIS

C'est sur l'esprit chevaleresque, c'est sur l'esprit de justice qui a toujours distingué la nation française que je compte en lui offrant cette traduction de mon petit ouvrage.

Il n'y a rien dans ce livre qui puisse froisser les Français, car nous ne ressentons aucune amertume envers des rivaux pleins d'honneur, mais seulement envers ceux qui nous ont combattus non point à coups de fusil, mais par la calomnie.

Nous avons prouvé que nous sommes convaincus que notre cause est juste, car voici deux ans que nous versons notre sang et que nous dépensons notre argent sans nous plaindre.

C'est dans le but de faire comprendre à la France notre cause que j'ai écrit l'ouvrage que je soumets ici au public français..

A. CONAN DOYLE.

LA GUERRE DANS L'AFRIQUE AUSTRALE

CHAPITRE PREMIER

LE PEUPLE BOER.

Il est impossible de comprendre le problème sud-africain et les causes qui ont amené la guerre actuelle entre l'Empire britannique et les républiques boers sans connaître, si peu que ce soit, l'histoire de l'Afrique australe. Il faut donc se reporter au commencement, car toutes les parties de cette histoire se tiennent et dépendent de celles qui les ont précédées. On ne saurait connaître ni comprendre le Boer si l'on ne connaît point son passé, car il est tel que son passé l'a fait.

Ce fut au moment où Olivier Cromwell était au comble de sa puissance, — en 1652, pour être absolument exact, — que les Hollandais s'établirent pour la première fois au Cap de Bonne-Espérance. Les Portugais y avaient déjà été, mais, repoussés par le mauvais temps et entraînés par des bruits de découvertes d'or, ils avaient dépassé le véritable siège de l'empire, avaient fait route plus loin et s'étaient établis sur le littoral de l'est. Les Hollandais prospérèrent au Cap, et devinrent forts sous ce beau climat. Ils ne pénétrèrent pas fort avant dans les terres, car ils étaient peu nombreux et trouvaient sous la main tout ce dont ils avaient besoin. Ils se bâtirent des demeures et fournirent des vivres et de l'eau à la compagnie hollandaise des Indes Orientales; ils créèrent, petit à petit, de petites villes, Wynberg, Stellenbosch, et fondèrent des établissements sur les longues rampes du grand plateau central qui s'étend sur une largeur de 500 lieues des bornes du Karroo jusqu'à la vallée du Zambési.

Pendant plus d'une centaine d'années l'histoire de la colonie n'est que l'histoire du développement graduel des Africanders sur l'immense étendue de veldt qui se trouve au nord. Ils s'appliquèrent à l'élevage du bétail, mais dans un pays où trois hectares suffisent à peine à nourrir un seul mouton, il faut de grandes fermes même pour de médiocres troupeaux. Ces fermes étaient d'ordinaire de deux mille hectares, la redevance prélevée par le gouvernement se montant à 125 francs par an (5 livres sterling). Les maladies qui suivent les blancs avaient, comme en Amérique et en Australie, décimé les naturels, et une épidémie de petite vérole balaya le pays au bénéfice des nouveaux venus. Ils marchèrent de plus en plus vers le nord, fondant ici et là de petites villes, telles que Graaf-Reinet et Swellendam, où une église réformée hollandaise et un magasin pour la vente des plus simples denrées formaient un noyau autour duquel s'élevaient quelques maisons clairsemées. Mais déjà les colons faisaient preuve de cette impatience de tout joug et de cette désunion avec l'Europe qui sont leurs traits les plus frappants. Ils s'étaient révoltés même contre le gouvernement de la Compagnie hollandaise ; mais cette révolte, purement locale d'ailleurs, n'attira guère d'attention au milieu du cataclysme universel produit par la Révolution française. Vingt ans plus tard, époque pendant laquelle le monde fut ébranlé par cette lutte de Titans, lorsque la partie fut terminée et que l'on paya les enjeux, la Colonie du Cap fut ajoutée, en 1814, à l'empire britannique.

Dans toute la vaste agrégation de l'empire britannique, il n'y a pas un seul Etat dont les titres soient plus incontestables que ceux de la Colonie du Cap. La Grande-Bretagne la possède par un double droit, le droit de conquête et le droit d'achat. En 1806 elle avait débarqué des troupes qui avaient battu les forces locales et s'étaient emparées de Cape-Town. En 1814 elle paya 150 millions de francs (6,000,000 sterling) au Stadthouder en retour de la cession de cette colonie et d'un certain territoire dans l'Amérique du Sud. Ce fut un marché très probablement fait rapidement et sans trop de soin dans le cours de la répartition générale qui avait lieu en ce moment-là. Comme escale sur la route des Indes il était clair que le Cap était utilisable, mais le pays même était considéré comme étant un désert de nulle valeur. Qu'eussent dit lord Castlereagh ou lord Liverpool s'ils eussent pu prévoir les détails de ce qu'ils achetaient au prix de 150 millions de francs? Ça faisait un inventaire mélangé de bien et de mal ; neuf terribles guerres contre les Cafres ; les plus riches mines de diamants et les plus riches mines d'or au monde ; deux campagnes coûteuses et humiliantes contre des hommes que nous estimions même en les combattant, mais, au bout du compte, nous l'espérons du moins, une Afrique australe paisible et prospère et où tous les hommes jouiront des mêmes droits et des mêmes devoirs.

Ainsi que je l'ai déjà fait remarquer, les titres de cette propriété sont absolument fondés, mais il s'y rencontre une lacune à la fois singulière et dangereuse. Sur trois côtés la frontière est marquée par l'océan; sur le quatrième, elle est indécise. Il n'y a pas un mot de la *hinterland*, car à cette époque personne ne songeait ni à l'expression ni à la chose qu'elle représente. La Grande-Bretagne avait-elle acquis les vastes régions qui s'étendent au-delà des établissements? Ou bien les Hollandais mécontents étaient-ils libres de passer outre pour fonder de nouvelles nations qui entraveraient la marche des colons anglo-celtes ? Là se trouvait le germe de tous les différends à venir. Un Américain comprendrait la question s'il s'imaginait qu'après la fondation des États-Unis les Hollandais de l'État de New-York eussent fait route à l'ouest et établi de nouvelles communautés sous un nouveau drapeau. Dans ce cas, du moment où la population américaine eût débordé ces états occidentaux elle se serait trouvée en présence d'un problème analogue à celui que l'Angleterre a eu à résoudre. Et si elle eût trouvé ces nouveaux Etats férocement anti-Américains et extrêmement réactionnaires, elle eût éprouvé cette complication de difficultés avec laquelle les hommes d'Etat anglais ont eu à compter.

Au moment où ils passèrent sous le drapeau anglais, les colons — Hollandais, Français, et Allemands — comptaient environ 30,000 âmes. Ils étaient esclavagistes et leurs esclaves les égalaient à peu près en nombre. On était fondé à espérer qu'il se produirait une fusion complète entre les Anglais et les premiers colons, puisqu'ils étaient pour la plupart de races parentes, et ne se distinguaient les uns des autres que par plus ou moins de fanatisme et d'intolérance en matière de religion. Cinq mille émigrants anglais débarquèrent en 1820, et s'établirent sur les frontières orientales de la colonie; dès lors il y eut un courant lent mais régulier de colons parlant l'anglais. Le gouvernement était doué des fautes et des vertus historiques des Anglais. C'était un gouvernement doux, pur, honnête mais manquant de tact et de suite. En somme les choses eussent assez bien marché si l'on avait bien voulu les laisser telles qu'elles se trouvaient. Mais on tenta l'expérience dangereuse de changer les habitudes de la plus conservatrice des races teutoniques, et ce fut la cause de la longue série de complications qui forment l'histoire de l'Afrique du Sud.

Le gouvernement impérial avait toujours envisagé d'une façon honorable et philanthropique les droits des naturels et leurs justes prétentions à être protégés par les lois. Nous maintenons, et avec raison, que la justice anglaise doit être, sinon aveugle, du moins indifférente en matière de couleur : théorie irréprochable, et argument incontestable, mais fort propre aussi à exaspérer ceux qui ont fondé leur société tout entière sur le principe que le noir appartient à une race inférieure. Surtout exaspérante, la thèse de l'égalité, quand c'est un moraliste, en Amérique ou un philanthrope domicilié à Londres qui la soutient. Les esclavagistes préfèrent arriver à la haute morale d'eux-mêmes et n'aiment pas à se la voir imposer par des gens qui vivent dans des conditions absolument différentes.

Le gouvernement britannique a toujours joué dans l'Afrique australe le rôle impopulaire de l'ami et protecteur de la domesticité noire. Ce fut précisément ce qui amena les premiers frottements entre les anciens colons et l'administration nouvelle. Un soulèvement sanguinaire fut la conséquence de l'arrestation d'un fermier hollandais qui avait maltraité son esclave. Le soulèvement fut réprimé et cinq émeutiers furent pendus, punition de beaucoup trop sévère et fort malencontreuse, car une race courageuse peut bien oublier les victimes qui sont tombées sur le champ de bataille, mais jamais celles qui ont péri sur l'échafaud. La création de martyrs politiques est la suprême bêtise de la politique. Toutefois la chose était faite ; et une preuve du ressentiment durable qu'elle évoqua c'est qu'après l'invasion Jameson, lorsqu'on crut que les chefs de cette infortunée entreprise allaient être pendus, on transporta la poutre qui devait former le gibet, d'une ferme près de Cookhouse Drift jusqu'à Prétoria, afin que les Anglais mourussent comme étaient morts les Hollandais en 1816. Slagter's Neck se trouva donc être l'embranchement des routes que suivirent désormais le gouvernement britannique d'une part et les Africanders de l'autre.

La scission s'accusa de plus en plus. Le gouvernement britannique, généreux aux dépens d'autrui, accorda des conditions très douces aux tribus cafres, qui en 1834 avaient dévasté les fermes limitrophes, et pour combler la mesure, en cette même année eut lieu l'émancipation des esclaves sur toute l'étendue des territoires anglais, émancipation qui mit le feu aux poudres.

Il faut avouer que dans cette occurrence la philanthropie anglaise était parfaitement prête à délier les cordons de sa bourse en faveur d'une cause de la justice de laquelle elle était convaincue. C'était une belle action nationale, trop morale sans doute pour l'époque, que l'action du parlement britannique qui vota la somme immense de 500 millions de francs (20,000,000 sterling) pour dédommager les esclavagistes et détruire un mal auquel, de fait, la mère patrie n'avait rien à voir directement. Il est heureux que la chose ait été faite à cette époque, car si l'on eût attendu jusqu'au moment où les colonies auxquelles la mesure s'appliquait, eussent joui d'un gouvernement autonome, jamais le projet n'eût été accompli par des moyens constitutionnels. Le brave rentier britannique grommela fort, mais il ouvrit sa bourse et paya, parce qu'il était convaincu que la chose était juste. S'il y a une grâce spéciale en récompense des actions vertueuses qui n'entraînent autre chose en ce bas monde que des ennuis, nous autres Anglais sommes fondés à en jouir en vertu de cette émancipation. Nous dépensâmes notre argent, nous ruinâmes nos colonies aux Antilles et nous excitâmes un mécontentement dans l'Afrique australe dont nous n'avons pas encore vu la fin.

Mais les détails de la mesure ne nous font pas honneur au même point que le principe même. Appliquée subitement, le pays n'eut pas le temps de s'ajuster aux conditions nouvelles. On attribua 75 millions de francs à l'Afrique australe, équivalant à une somme de 1,500 à 1,750 francs par esclave, ce qui était beaucoup au-dessous du prix courant sur place. En outre les dommages-intérêts étaient payables à Londres, ce qui forçait les fermiers de vendre leurs droits à prix réduits à des tiers. Dans tous les bourgs et dans tous les camps du Karroo il y eut des rassemblements d'esclavagistes irrités. L'ancien esprit de résistance des Hollandais se réveillait, l'esprit des ancêtres qui avaient coupé les digues dans leur pays. Inutile de se révolter; mais un vaste pays, non encore colonisé, s'étendait au nord. Les Boers aiment la vie nomade, et leurs immenses chariots à bœufs, pareils à ces chariots sur lesquels certains de leurs ancêtres avaient pénétré dans les Gaules, étaient à la fois des véhicules, des demeures et des forteresses. On les chargea les uns après les autres; on attela les longues files de bœufs; les femmes prirent place à l'intérieur; les hommes armés de leurs fusils à long canon marchèrent des deux côtés, et le grand exode commença. Leurs troupeaux les accompagnaient et les enfants aidaient à rassembler et à conduire le bétail. Un petit bonhomme déguenillé d'une dizaine d'années faisait claquer son *sjambok* (fouet) sur le dos des bœufs. Il ne comptait guère dans cette singulière multitude, mais il mérite de nous intéresser, car il s'appelait Paul Stephanus Kruger.

Exode étrange en effet, et qui ne saurait se comparer de nos jours qu'à l'émigration des Mormons quittant Nauvoo à la recherche de la terre promise d'Utah. Le pays était connu et quelque peu colonisé au nord jusqu'à la rivière Orange, mais au delà s'étendait une vaste région où personne, sauf quelques hardis chasseurs et des aventuriers explorateurs, n'avait encore pénétré. Le hasard, si c'est le hasard qui dirige les graves affaires de l'humanité, voulut qu'un conquérant zulu balayât ce pays et le laissât inhabité, sauf par les nains de la brousse, hideux naturels, espèce la plus basse de la race humaine. Les émigrants y trouvèrent de belles pâtures et un sol plantureux. Ils voyageaient en petits partis, mais leur nombre total était considérable, car ils comptaient de six à dix mille âmes, selon leur propre historien, c'est-à-dire environ un quart de la population entière de la colonie. Plusieurs des premiers détachements périrent misérablement. Un grand nombre d'entre eux se donnèrent rendez-vous à la base d'une haute cime à l'est de Bloemfontein, dans ce qui était naguère l'Etat Libre d'Orange. Les formidables Matabelés, qui formaient partie de la grande nation zulu, détruisirent tout un campement d'émigrants.

La victoire définitive des *voortrekkers* mit en leur pouvoir tout le territoire qui s'étend entre la rivière Orange et le Limpopo, c'est-à-dire ce qui devint plus tard le Transvaal et l'État Libre d'Orange. En même temps un autre corps d'émigrants avait fait une descente sur le Natal, et avait battu Dingaan, le grand chef des Zulus. Mais voilà qu'au bout de leur long voyage, après avoir triomphé de tous les obstacles soulevés par la distance, la nature, et leurs ennemis sauvages, les Boers virent à la fin de leur course ce qu'ils désiraient le moins voir, ce qu'ils étaient venus pour éviter, — le drapeau de la Grande-Bretagne. Les Boers avaient occupé le Natal en venant de l'intérieur, mais l'Angleterre en avait déjà pris possession par la voie de la mer, et une petite colonie d'Anglais s'était établie à Port-Natal, qui s'appelle aujourd'hui Durban. Le gouvernement impérial, toutefois, avait agi mollement, et ce ne fut que la conquête du Natal par les Boers qui l'amena à revendiquer le territoire comme colonie anglaise. En même temps il proclama le dogme fort inacceptable qu'un sujet anglais ne pouvait renoncer à sa patrie à son gré, et que n'importe où ils se rendissent les fermiers nomades n'étaient en somme que les pionniers des colonies britanniques. Pour bien appuyer cette déclaration trois compagnies de troupes furent envoyées en 1842 à la ville qui s'appelle maintenant Durban, — escouade de caporal, dont la Grande-Bretagne se sert ordinairement pour fonder un nouvel empire. Cette poignée d'hommes fut interceptée par les Boers et mise en pièces, précisément comme il est arrivé à nombre de leurs successeurs depuis lors. Désormais le Natal fut colonie britannique, et le plus grand nombre des Boers partirent vers le nord et l'est, le cœur plein d'amertume, pour raconter leurs griefs à leurs confrères de l'Etat Libre d'Orange et du Transvaal.

Avaient-ils vraiment des griefs? Il est difficile d'atteindre à cette hauteur d'impartialité philosophique qui permet à l'historien de traiter d'une façon absolument détachée une querelle à laquelle sa propre patrie a pris part. Nous pouvons du moins admettre que notre adversaire est fondé à avancer certains arguments.

Notre annexation du Natal n'avait été nullement absolue et ce furent nos adversaires et non point nous qui, les premiers, renversèrent le sanguinaire pouvoir zulu, dont l'ombre sinistre recouvrait le pays. Il est dur, après de telles épreuves et de tels exploits, d'avoir à dire adieu au pays fertile qu'on a conquis et de retourner aux pâtures désertes de la veldt des montagnes. Les Boers quittèrent le Natal pleins d'un sentiment d'injustice qui a toujours depuis lors envenimé leurs rapports avec nous. En somme cette petite escarmouche entre les soldats et les émigrants fut un événement grave, car elle coupa la route de la mer aux Boers et les força de restreindre leur ambition à l'intérieur des terres. Si le résultat eût été autre, un nouveau pavillon, qui eût pu être formidable, eût flotté sur les mers.

Les émigrants qui s'étaient établis sur le vaste territoire

entre la rivière Orange au midi et le Limpopo au nord, avaient vu augmenter leur nombre par des nouveaux venus de la Colonie du Cap, si bien qu'ils se montèrent à 15,000 âmes. Cette population était répandue sur un territoire aussi grand que l'Allemagne, et plus grand que les États de la Pennsylvanie, de New-York et la Nouvelle-Angleterre. Leur gouvernement était le plus individualiste et le plus démocratique qu'il soit possible de concevoir, si l'on tient à maintenir la moindre cohésion, et les seuls liens qui paraissent l'avoir maintenu étaient les guerres contre les Cafres et la crainte et la haine du gouvernement anglais. Dans leur propre territoire ces Boers se divisaient et se subdivisaient comme un œuf qui germe. Le Transvaal était plein de petites communautés qui se querellaient entre elles aussi vivement qu'elles s'étaient querellées avec les autorités du Cap. Lydenburg, Zoutpansberg et Potchefstroom étaient sur le point de se combattre mutuellement. Au midi entre la rivière Orange et le Vaal il n'y avait pas ombre de gouvernement, mais une cohue de fermiers hollandais, de Basutos, de Hottentots et de sang-mêlé qui vivaient dans un état continuel de turbulence, ne reconnaissant ni l'autorité des Anglais au midi, ni les républiques du Transvaal au nord. Cet état de chaos devint insupportable ; aussi en 1848 une garnison fut postée à Bloemfontein, et le territoire compris dans l'empire britannique. A Boomplatz les émigrants opposèrent une résistance futile ; mais après une seule défaite, ils rentrèrent dans l'ordre réglé d'un gouvernement civilisé.

A cette époque le Transvaal, où la plupart des Boers s'étaient établis, réclama une déclaration formelle de son indépendance, réclamation à laquelle le gouvernement britannique résolut de faire droit une fois pour toutes. Ce grand pays stérile, qui ne produisait guère que des tirailleurs, n'avait guère de charmes pour le ministère des colonies, qui ne cherchait en ce moment qu'à restreindre le plus possible sa responsabilité. Une convention connue sous le nom de Convention de la Rivière au Sable (Sand River Convention), fut donc passée entre les deux états. Par cette convention, qui est un des points de repère de l'histoire de l'Afrique du Sud, le gouvernement britannique garantissait aux fermiers boers le droit d'administrer leurs propres affaires, et de se gouverner d'après leurs propres lois sans aucune intervention de la part des Anglais. Le gouvernement de la Reine stipulait uniquement que l'esclavage ne serait point toléré, et sous cette simple réserve se débarrassa définitivement — ou du moins il le crut — de la question entière. C'est de cette façon que la république du Transvaal fut formellement établie.

Dans le courant de l'année d'après, une seconde république — l'État Libre d'Orange, fut créée, la Grande-Bretagne, de parti pris, évacuant le territoire qu'elle avait occupé pendant huit ans. La question d'Orient devenait menaçante, et l'ombre d'une grande guerre assombrissait le ciel politique. Les hommes d'État anglais se disaient que leurs charges dans les diverses parties du monde étaient très lourdes, et que les territoires annexés dans l'Afrique australe n'avaient jamais été que d'une utilité douteuse, tandis qu'ils donnaient toujours beaucoup de fil à retordre au gouvernement. Malgré le désir d'un grand nombre des habitants, quoiqu'il soit impossible de dire s'ils formaient la majorité ou non, nous retirâmes nos troupes aussi amicalement qu'autrefois les Romains retirèrent les leurs de la Grande-Bretagne, et la nouvelle république jouit d'une indépendance absolue et sans entrave aucune. Une pétition protestant contre la retraite des Anglais ayant été présentée aux autorités britanniques, le gouvernement impérial vota une somme de 1,200,000 francs (48,000 livres sterling) dans le but de dédommager les colons qui avaient souffert par suite du changement. Quels que soient les griefs historiques du Transvaal contre la Grande-Bretagne nous pouvons du moins, sauf peut-être en une seule chose, affirmer que nous avons les mains très nettes dans nos rapports avec l'État Libre d'Orange. Ainsi donc furent fondés en 1852 et en 1854 ces robustes Etats qui ont pu, pendant un temps, tenir un échec toutes les forces de l'Empire.

Dans l'intervalle la Colonie du Cap, malgré ces scissions, était fort prospère, et sa population, composée d'Anglais, d'Allemands et de Hollandais, se montait en 1870 à plus de deux cent mille âmes, les Hollandais étant encore quelque peu les plus nombreux. Selon la libérale politique coloniale de la Grande-Bretagne le moment était venu de couper les liens et de confier à cette jeune nation la conduite de ses propres affaires. En 1872 elle acquit le droit de constituer un gouvernement absolument autonome, car si le gouverneur, représentant la Reine, conservait le droit de veto il ne l'exerçait jamais. D'après ce système la majorité hollandaise de la colonie pouvait porter ses propres représentants au pouvoir, et administrer le gouvernement à la hollandaise, et c'est en effet ce qu'elle fit. Le droit hollandais avait été déjà rétabli et la langue hollandaise reconnue *pari passu* avec l'anglais, langue officielle du pays. Ce fut la libéralité extrême de ces mesures et la façon inflexible dont elles ont été appliquées, quelque désagréable qu'une telle législation pût paraître aux Anglais, qui expliquent le vif ressentiment provoqué dans la Colonie du Cap par le traitement tyrannique des colons anglais au Transvaal. Au moment même où les Boers refusaient d'accorder aux Anglais le suffrage municipal, dans une ville bâtie par les Anglais, c'était une administration hollandaise qui gouvernait les Anglais dans la colonie anglaise voisine.

La vie des bourgeois *(burghers)* de la république du Transvaal durant les vingt-cinq années qui suivirent la convention de la Rivière au Sable fut énergique et tumultueuse. Ils étaient sans cesse occupés à se battre avec les noirs et quelquefois entre eux, et à attaquer de temps à autre la petite république hollandaise au midi. Le résultat fut une désorganisation inévitable. Les bourgeois refusaient de payer les impôts et le trésor était vide. Au nord ils étaient menacés par une féroce tribu cafre et à l'est par les Zulus. Ce serait exagérer que d'affirmer que l'intervention britannique sauva les Boers, car on ne saurait lire leur histoire militaire sans être convaincu qu'ils étaient assez forts pour se mesurer et avec les Zulus et avec Sekukuni. Mais assurément une formidable invasion se préparait, et les fermes clairsemées étaient aussi exposées aux attaques des Cafres que les demeures de nos fermiers dans les colonies américaines quand les Peaux-Rouges partaient en guerre. Sir Theophilus Shepstone, le commissaire britannique, après une enquête qui dura trois mois, trancha toutes les questions en annexant formellement le pays. Le fait qu'il en prit possession avec une troupe de vingt-cinq hommes seulement prouve qu'il était convaincu que nulle résistance armée n'était à craindre. Ainsi donc en 1877 la convention de la Rivière au Sable était détruite et un nouveau chapitre de l'histoire de l'Afrique australe commençait.

Il ne paraît pas que l'annexation provoqua de ressentiment à cette époque. Les habitants étaient accablés d'ennuis et las de la lutte. Le président Burgers protesta formellement et s'établit dans la Colonie du Cap, où il reçut une pension du gouvernement britannique. Un mémoire contre la mesure fut signé par la majorité des Boers, mais la minorité était nombreuse. Kruger lui-même accepta un poste et un traitement du gouvernement. Tout semblait promettre que cette population, pourvu qu'elle fût gouvernée avec tact, demeurerait paisible sous le drapeau anglais. Mais l'Empire a toujours eu mauvaise chance dans l'Afrique du Sud, et jamais cette chance ne fut pire qu'à cette époque. Les promesses faites ne furent point immédiatement remplies, non par mauvaise foi, mais uniquement par préoccupation et délais forcés. Si les habitants du Transvaal s'étaient donné la peine d'attendre, ils auraient eu leur Volksraad et tout ce qu'ils réclamaient ; mais, avant de remplir ses promesses, le gouvernement britannique avait plusieurs autres affaires locales à redresser : il lui fallait détruire Sekukuni et briser les Zulus. Le retard excita de vifs ressentiments, et, de plus, nous eûmes la main malheureuse dans le choix que nous fîmes d'un gouverneur. Les bourgeois sont de simples gens qui aiment à boire de temps à autre une tasse de café avec le malheureux chargé de les administrer. Les 7,500 francs (300 livres sterling) d'argent pour le café alloués par le Transvaal au président ne sont nullement un simulacre. Un sage administrateur se fût plié aux habitudes sociales et démocratiques du peuple. C'est ce que ne firent ni Sir Theophilus Shepstone ni Sir Owen Lanyon. Pas de Volksraad ! et pas de café ! aussi le mécontentement s'accrut rapidement parmi la population. En trois ans les Anglais avaient dispersé les deux hordes sauvages qui avaient menacé le pays, et de plus ils avaient rétabli les finances ; les raisons qui avaient porté tant de bourgeois à favoriser l'annexation se trouvaient être affaiblies par la puissance même qui avait le plus d'intérêt à les maintenir.

On ne saurait trop insister sur le fait qu'en annexant le pays — événement qui fut le point de départ de toutes nos difficultés — la Grande-Bretagne, bien qu'elle se soit peut-être trompée, n'avait, et ne pouvait avoir, aucun projet égoïste. A cette époque les mines de la Rand n'existaient pas, et le pays n'offrait rien qui pût tenter les plus avaricieux. Ce que nous acquîmes à ce moment-là fut un trésor vide et deux guerres coûteuses contre les noirs. L'Angleterre était convaincue que le pays était trop désorganisé pour se gouverner, que sa faiblesse devenait un scandale et qu'il était dangereux pour ses voisins et soi-même. Il n'y eut rien de sordide dans les mesures prises par l'Angleterre ; il se peut qu'elles furent prématurées et peu sages, mais il y a lieu de croire que, si elles eussent été renvoyées, la majorité des habitants eût bientôt réclamé leur exécution.

Au mois de décembre 1880 les Boers se soulèvent. Toutes

les fermes envoyèrent des tirailleurs, et le rendez-vous était l'extérieur du fort anglais le plus proche. Sur toute l'étendue des terres de petits détachements furent entourés et assiégés par les fermiers. Standerton, Prétoria, Potchefstroom, Lydenburg, Wakkerstroom, Rustenburg et Marabastad furent tous investis, et tous tinrent bon jusqu'à la fin de la guerre. La fortune fut moins favorable aux Anglais en rase campagne. A Bronkhorst Spruit un petit nombre d'Anglais furent surpris et fusillés sans que leurs adversaires perdissent un seul homme. Le chirurgien qui soigna les blessés a rapporté que chaque homme avait une moyenne de cinq blessures. A Laing's Neck les Anglais, inférieurs en nombre, essayèrent d'enlever une colline qui était aux mains des tirailleurs boers. La moitié des Anglais furent tués ou blessés. A Ingogo la victoire resta indécise, mais les pertes anglaises surpassèrent celles de l'ennemi. Finalement eut lieu la défaite de Majuba Hill, où quatre cents fantassins postés sur une montagne furent battus et balayés par une nuée de tirailleurs qui s'avancèrent sous le couvert des roches. Pas un seul de ces engagements ne fut autre chose qu'une escarmouche, et s'ils eussent été suivis d'une dernière victoire anglaise ils seraient presque complètement oubliés aujourd'hui. C'est le fait que ces escarmouches furent heureuses qui leur a attribué une importance exagérée.

La défaite de Majuba Hill fut suivie de la capitulation complète du gouvernement de M. Gladstone, action qui peut être envisagée comme étant la plus pusillanime ou la plus magnanime des temps contemporains. Il est dur au plus fort de battre en retraite avant que le plus faible n'ait frappé un seul coup, mais c'est encore plus dur quand le plus fort a été abattu par trois fois. Une armée anglaise capable d'écraser l'ennemi tenait la campagne, et le général qui la commandait déclara qu'il tenait l'ennemi à la gorge. Cependant les calculs des militaires anglais ont été plus d'une fois faussés par ces fermiers, et il se peut que la tâche de Wood et de Roberts se fût trouvée être plus difficile qu'ils ne le croyaient, mais en théorie du moins il semblait en effet qu'ils pouvaient écraser l'ennemi sans difficulté. La nation anglaise en était convaincue et néanmoins elle consentit à ne point frapper. Exception faite des politiques, le motif qui porta la nation à suivre cette ligne de conduite, était incontestablement un motif chrétien et moral. Elle était convaincue que l'annexation du Transvaal avait été évidemment injuste, que les fermiers avaient droit à la liberté pour laquelle ils combattaient, et qu'il était indigne d'une grande nation de continuer une guerre injuste simplement pour prendre une revanche militaire. Telles furent les raisons qui portèrent le peuple anglais à approuver l'action du gouvernement. C'était le comble de l'idéalisme, mais les résultats n'ont pas été de nature à encourager la répétition d'une telle mesure.

Le 5 mars 1881, fut conclu un armistice, suivi de la signature de la paix le 23 du même mois. Le gouvernement, après avoir cédé à la force ce qu'il avait maintes fois refusé à des demandes amicales, introduisit une malencontreuse transaction dans le réglement de l'affaire. Si l'administration cherchait à poursuivre une politique d'idéalisme et de moralité chrétienne elle devait aller jusqu'au bout. Si l'annexation avait été injuste, il était clair que le Transvaal devait être rétabli précisément dans le même état qu'avant l'annexation, tel qu'il avait été établi par la Convention de la Rivière au Sable. Mais pour une raison quelconque le gouvernement repoussa cette conclusion logique. Il subtilisa et marchanda si bien qu'on fit du Transvaal une chose inconnue jusqu'alors; une république qui formait partie d'une monarchie, qui traitait avec le gouvernement britannique par l'entremise du ministère des Colonies, et qui était comprise sous l'en-tête « Colonies », dans les colonnes du *Times*. Il était autonome, et néanmoins sujet à une vague suzeraineté dont personne n'a jamais pu définir les bornes. Bref, et par ce qu'elle contenait et par ce qu'elle ne contenait pas, la Convention de Prétoria prouve que nos affaires politiques, en cette malheureuse année 1881, furent aussi mal administrées que nos affaires militaires.

Dès le début il fut parfaitement clair qu'une convention si illogique et si bourrée de sujets de disputes ne pouvait en aucune façon régler définitivement les choses, et le fait est que les signatures étaient à peine sèches que déjà une demande de revision se formulait. Les Boers croyaient, et avec raison, qu'ayant été reconnus victorieux ils avaient le droit de jouir de tous les fruits de la victoire. D'autre part l'allégeance des colons anglais était fortement éprouvée. La fière race anglo-celte n'est point accoutumée à se voir humilier, et pourtant ces colons, grâce à la politique du gouvernement anglais, se virent transformés en membres d'une race vaincue. Il est bel et bien pour le citoyen de Londres de consoler son orgueil blessé en se flattant qu'il a agi avec magnanimité, mais tout autre était le cas des colons anglais à Durban et à Cape-Town, qui se virent humiliés devant leurs voisins les Hollandais, sans faute de leur part et sans y avoir consenti. Ceci excita un dangereux ressentiment, qui eût peut-être disparu si le Transvaal avait accepté l'accord fait avec la même générosité qui l'avait dicté ; mais ce ressentiment devint de plus en plus dangereux lorsque pendant dix-huit années nos compatriotes virent, ou crurent voir, que chaque concesssion entraînait toujours une nouvelle réclamation, et que les Républiques hollandaises visaient non seulement à l'égalité mais à la supériorité dans l'Afrique australe. M. le professeur Bryce, critique ami, après avoir étudié la question et le pays sur les lieux, a déclaré que les Boers étaient convaincus que nous agîmes non par générosité et humanité, mais simplement par crainte. Et comme les Boers aiment leur franc-parler, ils communiquèrent leurs idées à leurs voisins. Il n'est donc point étonnant que l'Afrique du Sud ait toujours été agitée depuis lors, et que l'Africander anglais ait attendu avec un feu d'impatience inconnu en Angleterre l'heure de la revanche.

Après la guerre le gouvernement du Transvaal fut confié à un triumvirat, mais un an plus tard Kruger devenait président et continuait à l'être pendant dix-huit ans. Sa carrière présidentielle prouve la sagesse de cette excellente règle non-écrite de la Constitution des Etats-Unis qui borne la durée de la présidence. L'homme qui détient le pouvoir pendant une demi-génération devient inévitablement un autocrate. Le vieux président a dit lui-même, dans son langage simple mais malin, que lorsqu'on a trouvé un bon bœuf pour chef de file il ne faut pas s'en défaire. Mais quelque bon que soit le bœuf, si on le laisse faire à sa tête il se peut qu'il entraîne l'attelage dans un pas dangereux. Pendant trois ans le petit état du Transvaal fit preuve d'une violente activité. Son territoire étant plus grand que celui de la France et sa population ne dépassant pas cinquante mille âmes, on était fondé à croire que les habitants y avaient suffisamment d'espace sans être refoulés les uns sur les autres. Mais les bourgeois (*burghers*) débordèrent les frontières de tous côtés. Le président s'écria qu'on l'avait renfermé dans un *kraal* et il s'ingéniait à trouver de nouvelles issues. On projeta un grand *trek* (émigration) vers le nord, mais heureusement il n'aboutit pas. A l'est on envahit le Zululand, et l'on réussit, malgré le fait que les Anglais étaient établis dans le pays, à enlever un tiers du territoire, qui fut annexé au Transvaal. A l'ouest, violant le traité signé trois ans auparavant, on envahit le Bechuanaland et on établit deux nouvelles républiques, Goshen et Stellaland. La conduite des Boers fut si révoltante, qu'en 1884 la Grande-Bretagne se vit obligée d'envoyer une nouvelle expédition, sous le commandement de Sir Charles Warren, pour expulser les maraudeurs. On nous demandera peut-être pourquoi nous appelons ces gens des maraudeurs tandis que nous attribuons aux fondateurs de la Rhodésie le titre de pionniers. A quoi nous répondons que le Transvaal s'était engagé par traité à se maintenir dans certaines frontières, qui furent violées, tandis que lorsque les Anglais se répandirent au nord, ils ne violèrent aucun engagement. Le résultat de ces envahissements fut le dénouement de tous les drames qui se sont passés dans l'Afrique australe. Encore une fois on tira la bourse de la poche du malheureux contribuable, et l'on dépensa quelque vingt-cinq millions de francs pour subvenir aux frais de l'établissement d'une gendarmerie qu'il fallut maintenir pour réprimer les violateurs de traités. Voilà ce qu'il ne faut point oublier quand on cherche à établir les dommages moraux et matériels que souffrit le Transvaal par suite de l'invasion Jameson.

En 1884 une députation du Transvaal se rendit en Angleterre et réussit à faire substituer au traité de Prétoria, si mal rédigé, la Convention de Londres, plus mal rédigée encore. Tous les changements effectués favorisaient les Boers, et une seconde campagne victorieuse ne leur eût guère acquis plus que lord Derby leur accorda en pleine paix.

Le Transvaal s'intitula désormais République de l'Afrique du Sud, changement de mauvais augure qui faisait pressentir une politique d'expansion à l'avenir. Le contrôle de la Grande-Bretagne sur la politique étrangère de la République fut aussi relâché, quoique le droit de veto fût conservé. Mais le fait le plus important, qui fut la fertile cause des troubles prochains, fut une omission. Le mot suzeraineté est un terme vague; mais en politique comme en théologie, plus une chose est vague, plus elle frappe l'imagination et plus elle excite les passions des hommes. Dans le préambule du premier traité la suzeraineté de la Grande-Bretagne était affirmée, mais il n'y avait pas un mot sur ce sujet dans le préambule du second traité. Cette suzeraineté était-elle ou non abrogée par ce fait? Les Anglais maintiennent que les articles du traité furent seuls changés et que le préambule s'appliquait également aux deux traités. Ils insistent sur le fait que non seulement la suzeraineté de la Grande-Bretagne, mais encore l'indépendance du Transvaal sont affirmées dans le préambule, et que logiquement si la suzeraineté était abolie, l'indépendance l'était aussi. De l'autre côté les Boers font remarquer que la seconde Convention est précédée d'un préambule qui semble logiquement remplacer le premier. Mais au fond cette discussion est oiseuse puisque le Transvaal et la Grande-Bretagne reconnaissent que celle-ci conserva certains droits sur la faculté accordée à la République de conclure des traités, droits qui rangent la République dans une autre catégorie que celle des états absolument indépendants. Aux juristes internationaux à discuter académiquement si cette différence équivaut ou non à une suzeraineté. C'est le fait et non le mot qui importe.

II

LES CAUSES DE LA QUERELLE.

L'existence des mines d'or dans le Transvaal était déjà connue, mais ce ne fut qu'en 1886 que l'on se rendit compte de la richesse extraordinaire des bancs qui se trouvaient à une trentaine de milles au sud de la capitale. Ce n'est pas que la proportion d'or dans le quartz soit remarquablement forte, ni que les filons soient d'une épaisseur extraordinaire; ce qui constitue la singularité des mines de la Rand, c'est que, dans ces bancs, l'or se trouve réparti d'une façon si régulière que l'on peut compter sur une certitude qui ne se rencontre pas d'ordinaire dans cette industrie. Ce sont des carrières d'or plutôt que des mines, et, en outre, les bancs que l'on exploita d'abord à la surface se sont trouvés descendre à une profondeur énorme tout en conservant le même caractère qu'au niveau du sol. On a estimé, et cette appréciation est fort modeste, que la valeur de l'or contenu dans ces mines se monte à 17,500,000,000 de francs (700,000,000 de livres sterling).

Le résultat de cette découverte fut celui auquel on devait s'attendre. Une multitude d'aventuriers, dont les uns étaient bons et les autres parfaitement le contraire, s'abattit sur le pays. Certaines circonstances, cependant, tendaient à éloigner les gredins et les bandits qui se précipitent d'ordinaire sur les mines d'or nouvellement découvertes. Les mines d'or de la Rand n'étaient pas de nature à encourager des aventuriers travaillant pour leur propre compte, car pour les exploiter il fallait un outillage coûteux et de forts capitaux. Les directeurs, les ingénieurs, les mineurs, les experts, les marchands et les tiers qui vivent de l'industrie des autres, constituèrent la population dite des Uitlanders, population composée de toutes les races connues, mais que dominait la race anglo-celte. Les meilleurs ingénieurs étaient Américains, les meilleurs mineurs venaient du pays de Cornouailles, les meilleurs directeurs étaient Anglais, et ce fut l'Angleterre qui fournit les fonds pour l'exploitation des mines. Peu à peu, cependant, le chiffre des capitaux allemands et français s'accrut et il est probable qu'à présent les actions détenues par les Allemands et les Français équivalent en nombre à celles acquises par les Anglais. Bientôt la population des centres miniers s'augmenta et atteignit un chiffre égal à celui de la communauté boer tout entière. Cette population se composait pour la plupart d'hommes dans la force de l'âge et d'une intelligence et d'une énergie très supérieures.

La situation ainsi faite était extraordinaire. J'ai déjà essayé de la faire comprendre aux Américains, en supposant que les Hollandais établis dans l'Etat de New-York avaient émigré à l'ouest et fondé un état suprêmement hostile au progrès et aux Américains. Développons la parallèle et supposons que cet Etat c'était la Californie, et que les mines d'or qui s'y trouvent avaient attiré une nombreuse invasion de citoyens américains; que ces citoyens étaient maltraités et surchargés d'impôts, et qu'ils faisaient retentir Washington de leurs plaintes et de leurs griefs; c'eût été un cas analogue, et qui eût reproduit les rapports entre le Transvaal, les Uitlanders et le gouvernement britannique.

On ne saurait aucunement nier que les griefs des Uitlanders étaient lourds et fondés. Ce serait une tâche au-dessus des forces humaines d'énumérer tous leurs griefs, car la vie de ces malheureux était assombrie par l'injustice. Tous les mauvais traitements sans exception, qui avaient forcé les Boers à quitter la Colonie du Cap, furent infligés par eux aux Uitlanders; et ce qui pouvait s'excuser en 1835 était monstrueux soixante ans plus tard. La simple vertu qui avait été le trait caractéristique des fermiers, disparut en présence de la tentation. Les Boers campagnards ne changèrent que peu; quelques-uns ne changèrent pas du tout; mais le gouvernement de Prétoria devint une oligarchie des plus corrompues, des plus vénales, et des plus incapables. Les fonctionnaires et les Hollandais accaparèrent les torrents d'or qui découlaient des mines, tandis que l'infortuné Uitlander, qui payait les neuf dixièmes des impôts, était tondu par tout le monde et se voyait rire au nez et insulter quand il s'efforçait d'obtenir le suffrage qui devait lui permettre de redresser les torts qui l'accablaient. Il ne se montra pas déraisonnable, au contraire, il fut patient jusqu'à l'humilité, ce qui est toujours le cas des capitaux menacés par les fusils. Mais la situation était intolérable, et après avoir essayé plusieurs fois d'obtenir des réformes par une agitation paisible et de nombreux humbles placets adressés au Volksraad, il finit par comprendre qu'on ne lui ferait jamais justice à moins qu'il ne réussît à forcer la main de ses oppresseurs.

Je n'essayerai point d'énumérer tous les griefs qui rendaient la vie des Uitlanders si amère, mais j'en résume les plus graves ainsi qu'il suit :

1° Ils étaient surchargés d'impôts et contribuaient sept huitièmes des revenus du pays. Le revenu de la République de l'Afrique du Sud qui, en 1886, époque de la première exploitation des mines d'or se montait à 3,850,000 francs (154,000 livres sterling) et en 1899 à 100,000,000 de francs (4,000,000 de livres sterling) ; et le pays, dans l'origine un des plus pauvres du monde, était devenu — grâce à l'industrie des nouveaux venus — un des plus riches, eu égard au chiffre de la population.

2° Malgré cette prospérité, qu'ils avaient créée, les Uitlanders étaient privés du droit de suffrage et n'avaient aucun moyen de contrôler la dépense des sommes énormes qu'ils contribuaient. On n'a jamais vu pareil exemple de contribuables privés du droit de suffrage.

3° Ils n'avaient aucune voix dans le choix ou la rétribution des fonctionnaires. Les pires sacripants étaient nommés à la direction absolue des plus riches affaires. La somme des traitements officiels s'élevait en 1899, à un chiffre équivalant à 1,000 francs par tête (40 livres sterling) de la population boer mâle tout entière.

4° Ils n'avaient aucune part à la direction de l'instruction publique. M. John Robinson, directeur général du conseil d'instruction publique à Johannesburg, a estimé que la somme allouée aux écoles uitlanders, se montait à 15,250 francs (650 livres sterling,) prélevée sur la somme de 1,575,000 francs (63,000 livres sterling) consacrée à l'instruction publique, ce qui fait deux francs quatre-vingt-dix centimes (1 schelling et dix pence) par tête et par an pour les enfants uitlanders et dix francs soixante-cinq centimes (8 schelling et 6 pence) par tête pour les enfants boers ; — les Uitlanders, comme toujours, payant les sept huitièmes du total premier.

5° Aucune part à l'administration municipale. Des charrettes à eau au lieu d'un service de tuyaux ; de sales seaux au lieu d'égouts ; une police corrompue et tyrannique, et une très forte proportion de morts dans une ville qui aurait dû être une station de santé, ville que les Uitlanders avaient bâtie eux-mêmes.

6° L'arbitraire imposé à la presse et aux droits d'assemblée publique. .

7° Défense de servir comme juré.

8° Les intérêts miniers constamment tracassés par des lois vexantes. Sous ce chef sont compris de nombreux griefs dont les uns n'affectaient que les mines, tandis que d'autres portaient également sur tous les Uitlanders: le monopole de la dynamite, qui forçait les mineurs à payer un surcroît de 15 millions de francs (600,000 livres sterling) par an, pour un produit de qualité inférieure ; les lois sur la boisson, qui permettaient aux Cafres de s'enivrer sans cesse ; l'incapacité et les extorsions de la compagnie des chemins de fer de l'État ; la concession de nombreux monopoles à des particuliers sur des denrées de première nécessité, qui maintenaient les prix à un taux fixe élevé ; la formation autour de Johannesburg d'une ceinture d'octrois, dont la ville ne retirait aucun profit. Tels étaient quelques-uns des griefs économiques, soit graves, soit moins importants, qui se faisaient sentir dans toutes les affaires. Tels sont les griefs que M. W. T. Stead a déclaré n'être que « les petits bobos d'une poignée d'Anglais ».

On peut se rendre compte, en parcourant l'état ci-dessous des traitements des fonctionnaires de l'État depuis l'ouverture des mines jusqu'au moment où la guerre fut déclarée, de la façon dont on suçait le sang des Uitlanders, et de la rapidité avec laquelle les fonctionnaires s'enrichissaient :

	francs.	liv. st.
	—	—
1836	1,295,775	51,831
1887	2,477,075	99,083
1888	4,111,680	164,466
1889	6,241,025	249,641
1890	8,113,000	324,520
1891	8,322,200	332,888
1892	8,090,200	323,608
1893	91,031,875	361,275

	francs.	liv. st.
	—	—
1894	10,494,375	419,775
1895	14,251,175	570,047
1896	20,325,725	813,029
1897	24,923,975	996,959
1898	27,209,550	1,080,382
1899	30,409,850	1,216,594

Ce qui prouve, ainsi que l'a fait remarquer M. Fitz Patrick, que le budget des traitements était vingt-quatre fois plus fort qu'à l'époque de l'arrivée des Uitlanders, et cinq fois plus fort que le revenu tout entier du pays à cette époque.

Mais outre les griefs absolus dont ils souffraient, ces hommes, nés libres et partisans du progrès, et accoutumés à vivre sous des institutions libérales, ressentaient une irritation continuelle à l'idée d'être administrés despotiquement par un corps d'individus dont les uns étaient d'ignorants fanatiques, d'autres des bouffons, et qui presque tous se vendaient ouvertement et sans honte. Dans l'affaire de la compagnie des chemins de fer Selati, sur vingt-cinq membres du Premier Volksraad, vingt et un furent publiquement et circonstanciellement accusés de s'être vendus, les détails les plus amples des sommes reçues, les dates auxquelles elles avaient été touchées et les noms des corrupteurs étant donnés. Sur cette liste infâme se trouvent les noms du vice-président Schalk Burger ; du vice-président d'alors ; d'Éloff, gendre de Kruger, et du secrétaire du Volksraad. Il paraît que chaque membre du pouvoir et de la législative était à vendre. C'est une mauvaise chose qu'une assemblée corrompue, mais quand ceux dont elle se compose sont en outre étroits d'esprit et fanatiques, il faut avouer qu'une telle assemblée devient intolérable. Voici quelques délicieux extraits des discussions dans les deux Raads qui permettront d'apprécier l'esprit et l'intelligence des gouvernants d'une des communautés les plus progressives du monde.

« Opposition faite à l'installation de boîtes à lettres bornes « dans Prétoria parce qu'elles sont extravagantes et efféminées. « Le député Taljaard fait observer qu'il ne comprend pas pour- « quoi ces gens ont toujours besoin d'écrire des lettres. Il n'en « écrivait pas, lui. Dans sa jeunesse il avait écrit une lettre, et il « n'avait pas hésité à faire une course de dix-sept lieues à cheval

« et en voiture pour aller la jeter à la poste ; mais maintenant on « se plaignait d'aller même à un quart de lieue. »

Une discussion sur la possibilité de restreindre la plaie de sauterelles qui s'était abattue sur le pays donna lieu à l'admirable débat qui suit :

« Le 21 juillet. — M. Roos déclara que les sauterelles étaient « une plaie envoyée par Dieu, comme du temps du roi Pharaon, « et que le pays serait assurément abreuvé de honte et d'humi- « liation si l'on osait résister au Tout-Puissant.

« MM. Declerq et Steenkamp parlèrent de la même façon, « citant les Saintes-Écritures.

« Le président de la Chambre raconta l'histoire, garantie « vraie, d'un homme dont la ferme avait toujours été épargnée « par les sauterelles jusqu'à ce qu'un jour il en fit détruire ; alors « sa ferme fut dévastée.

« M. Stoop supplia les députés de ne point se constituer dieux « terrestres pour s'opposer au Tout-Puissant.

« M. Lucas Meyer souleva un orage en se moquant des argu- « ments des orateurs qui l'avaient précédé, et en comparant les « sauterelles aux bêtes féroces que les Boers détruisent.

« M. Labuschagne fut violent. Il affirma que les sauterelles « différaient absolument des bêtes de proie, et qu'elles étaient une « plaie envoyée par Dieu pour les punir de leurs péchés. »

Autre débat : « M. Jan de Beer se plaint du manque d'uni- « formité dans les cravates portées par les membres, dont les uns « en portent de petites, tandis que d'autres en portent de grandes, « état de choses fort déplorable. Il est d'avis que la Raad doit « affirmer son autorité et régler la grandeur et la forme des cra- « vates. »

L'extrait suivant donne l'idée de la capacité de ces législateurs quand il s'agit du traitement des questions de commerce.

« Le 8 mai. — Sur la demande de la compagnie des mines de « Shéba qui réclame l'autorisation de construire un tram aérien « de la bouche de la mine jusqu'à l'embouchure des écraseurs : —

« M. Groblaar demande à savoir si un tram aérien est un « ballon ou s'il peut voler.

« La seule objection formulée par le président c'est que la « compagnie porte un nom anglais ; tandis qu'elle aurait pu faire « un choix d'un grand nombre de noms hollandais.

« M. Taljaard s'oppose à l'usage du mot « participeeren »
« (participer), qui n'est pas hollandais, et qu'il ne comprend pas.
« — Je ne saurais croire que ce soit un mot hollandais, car je ne
« l'ai jamais trouvé dans la Bible. »

« Le 18 juin. — Sur la demande d'une concession pour le trai-
« tement de débris :

« M. Taljaard demande à savoir si l'on ne pourrait traduire
« en hollandais les mots « pyrites » et « concentrats » ? Il ne
« comprend absolument rien à ces mots. Il avait été à l'école du
« soir pendant toute la durée de son séjour à Prétoria, et pour-
« tant il y a encore maintes choses qu'il est incapable d'expliquer
« à ses bourgeois. Selon lui, il était abominable d'élever de grosses
« collines sur un terrain sous lequel se trouvaient peut-être de
« riches bancs d'or, et dont par la suite on pouvait avoir besoin
« pour en faire un marché ou pour un lieu de dételllement *(outs-*
« *pan).* Néanmoins il voterait en faveur de la proposition pourvu
« qu'on traduisît le nom de quartz en hollandais, car il était fort
« possible qu'il y eût quelque chose là-dessous. »

De tels débats font sans doute rire ceux qui vivent dans d'autres pays, mais ils sont infiniment moins amusants quand les hommes qui y prennent part sont des députés qui règlent les affaires absolument selon leur bon plaisir. Précisément parce qu'ils constituaient une communauté fort préoccupée de ses propres affaires, les Uitlanders n'étaient pas fort portés vers la politique, et ils ne cherchaient à prendre part à l'administration des affaires de l'État que dans le seul but de rendre la condition de leur propre industrie et de leurs propres vies plus tolérable. Tout homme juste qui veut bien se donner la peine de parcourir la liste de leurs griefs, doit tomber d'accord que leurs réclamations étaient fondées. Au premier abord, on peut croire que les Boers étaient les champions de la liberté, mais en y regardant de plus près il faut avouer qu'en réalité ils incarnaient en eux-mêmes, en la personne de leurs représentants, l'exclusivité la plus étroite et l'oppression la plus odieuse que connaisse l'histoire. Ils ont toujours compris la liberté de la façon la plus bornée et la plus égoïste, et ils n'ont jamais manqué d'infliger à d'autres des traitements infiniment pires que ceux qui les avaient portés eux-mêmes à la révolte.

A mesure que la valeur des mines et le nombre des mineurs s'accrurent il devint évident que la privation de droits politiques frappait une partie de cette population cosmopolite beaucoup plus grièvement que les autres, en proportion de la plus ou moins grande liberté à laquelle les institutions de la mère-patrie les avaient accoutumés. Les Uitlanders venus du continent de l'Europe supportaient plus patiemment des torts que les Américains et les Anglais trouvaient intolérables. Mais comme les Américains formaient une petite minorité, ce furent les Anglais qui dûrent soutenir le fort de la lutte pour la liberté. Outre le fait que les Anglais étaient plus nombreux que tous les autres Uitlanders ensemble, il y avait certaines raisons qui leur faisaient ressentir leur position humiliante plus vivement que les autres nationaux.Tout d'abord un grand nombre de ces Anglais étaient nés dans l'Afrique du Sud, et ils savaient que dans les pays avoisinants, qui étaient leur propre patrie, des institutions des plus libérales avaient été accordées à ces mêmes Boers qui leur refusaient l'administration de leurs propres égouts et de leur propre service d'eau. Ensuite tous les Anglais savaient parfaitement bien que l'Angleterre prétendait à la toute-puissance dans l'Afrique du Sud et il leur semblait donc que la mère-patrie, qui aurait dû les protéger, tolérait les mauvais traitements qu'on leur infligeait. Il leur était singulièrement pénible d'être maintenus dans un état de sujétion politique, quand ils étaient citoyens du pays souverain et c'est pourquoi les Anglais devinrent les réformateurs les plus résolus et les plus énergiques.

Mais le peuple qui ne veut pas constater honnêtement et examiner franchement la question au point de vue de ses adversaires ne saurait guère se vanter de la justice de sa propre cause. Voyons donc ce que l'on peut avancer de l'autre part. Les Boers, ainsi que je l'ai indiqué sommairement, avaient fait de grands efforts pour fonder un pays à eux. Ils avaient voyagé bien loin, travaillant dur et combattant bravement. Maintenant après tous leurs efforts ils voyaient leur pays envahi par une multitude d'étrangers dont un certain nombre étaient de fort louches individus et dont le nombre menaçait de surpasser celui des premiers habitants. Il était très clair que si l'on accordait le droit de suffrage aux nouveaux venus que les Boers eux-mêmes jouiraient tout d'abord de la majorité des votes, mais qu'au bout d'un certain temps ces nouveaux venus domineraient la Raad et éliraient leur propre président, qui pourrait parfaitement adopter une ligne de conduite fort peu du goût des premiers maîtres du pays. Les Boers devaient-ils courir la chance de perdre par le scrutin le fruit de la victoire qu'ils avaient remportée les armes à la main? En toute justice, devait-on s'attendre à ce qu'ils consentissent à un tel résultat? Les étrangers étaient venus chercher de l'or? Eh bien! ils l'avaient, leur or; leurs compagnies payaient des dividendes de cent pour cent ! Que leur fallait-il de plus? S'ils n'aimaient pas le pays, ils n'avaient qu'à le quitter; personne ne les forçait de rester. Mais s'ils voulaient rester, ils devaient être bien reconnaissants qu'on consentît à tolérer leur présence, et ils devaient se garder de toucher aux lois faites par ceux qui avaient eu la politesse de leur permettre de pénétrer dans le pays.

Voilà, semble-t-il, un juste exposé du point de vue boer, et à première vue un tiers désintéressé déclarerait sans doute que ce point de vue est fondé; mais quand on examine la question de plus près il devient clair que la thèse , toute juste qu'elle paraît être, est injuste et impossible quand on cherche à l'appliquer.

Dans l'état actuel du monde, où le besoin d'expansion se fait partout sentir, une politique calquée sur celle du Thibet peut sans doute se maintenir dans quelque coin obscur, mais non assurément sur une vaste étendue de pays qui se trouve à cheval sur la grande artère du progrès industriel. La situation est par trop artificielle. Une poignée de gens prennent possession par droit de conquête d'un vaste territoire sur lequel ils se répandent, séparés par de si longues distances qu'ils se vantent que d'une ferme on ne saurait voir la fumée de l'autre, et quoique leur nombre soit si petit en proportion de l'étendue du pays qu'ils occupent, ils refusent d'y admettre d'autres gens sur un pied d'égalité, et prétendent se constituer en classe privilégiée qui, de plein droit, domine absolument les nouveaux venus. Le chiffre de leur population est dépassé par celui des émigrants, qui sont infiniment mieux instruits et plus progressifs; néanmoins ils assujettissent ces émigrants d'une façon qui ne se voit nulle part ailleurs sur terre. De quel droit? « Du droit de conquête » répondent-ils: Eh bien! alors, on peut avec justice invoquer ce même droit pour mettre fin à une situation si intolérable. « Allons donc! venez nous combattre! venez donc! » s'écria un membre du Volksraad quand les Uitlanders réclamèrent le droit de suffrage. « Protester, protester! A quoi bon protester? » dit Kruger à M. W. Y. Campbell. « Vous n'avez pas de canons; c'est moi qui les ai. » C'était là la Cour de Cassation du Transvaal.

Le juge Creusot et le juge Mauser étaient toujours là, debout, derrière le président. De plus l'argument aurait plus de valeur si l'on n'eût tiré aucun profit des émigrants. Si l'on n'eût tenu aucun compte d'eux, les Boers auraient pu dire avec raison qu'ils n'en voulaient pas, mais tout en protestant contre les Uitlanders ils s'enrichissaient à leurs dépens. Or ils ne pouvaient manger à la fois la poire et le chou. Il eût été parfaitement juste de décourager les Uitlanders et de ne tirer aucun avantage de leur présence, ou bien, d'autre part, de les traiter raisonnablement et de se servir de leur argent pour réformer l'État. Mais assurément il était injuste de les maltraiter et en même temps de se rendre fort, grâce aux impôts dont on les chargeait.

De plus la thèse boer tout entière repose sur l'idée étroite que tout citoyen naturalisé et non né Boer doit forcément manquer de patriotisme. Or l'histoire prouve le contraire. Le naturalisé devient bien vite fier de sa nouvelle patrie et aussi jaloux de conserver sa liberté que le naturel du pays. Si le Président Kruger avait généreusement accordé le droit de suffrage aux Uitlanders, la pyramide de l'État eût été établie sur une base solide au lieu de vaciller sur la cime. Sans doute l'oligarchie pourrie eût disparu, et l'Etat eût été dirigé par un esprit de liberté plus large et plus tolérant, mais la République fût devenue plus forte et plus durable et la population, même divisée quant aux questions de détail, eût été unie quant aux principes. Il reste maintenant à savoir si cette solution eût été avantageuse aux intérêts anglais dans l'Afrique du Sud. Le président Kruger a plus d'une fois servi l'Empire sans s'en douter.

En 1881, époque où fut signée la Convention de Prétoria, il fallait, pour obtenir les droits de bourgeoisie, avoir été domicilié au Transvaal pendant une année seulement. En 1882, au lieu d'une année, la loi en exigea cinq, chiffre raisonnable, qui est celui requis en Angleterre et aux États-Unis. Si ce nombre n'eût point été augmenté par la suite, l'on peut affirmer qu'il ne se serait jamais élevé de question des Uitlanders, et que la guerre n'eût point éclaté. Les griefs eussent été abolis dans le pays même, et sans intervention du dehors.

En 1890, le nombre croissant des nouveaux venus effraya les Boers, et la loi fut amendée de façon à empêcher la naturalisation en moins de quatorze années. Les Uitlanders, dont le nombre s'augmentait rapidement, et qui étaient écrasés sous le formidable fardeau de griefs énumérés ci-dessus, comprirent que les torts dont ils étaient grevés étaient si nombreux que le seul moyen d'obtenir les réformes les plus pressantes était de conquérir le droit de suffrage. Aussi, en 1893, une pétition, portant les signatures de 13,000 Uitlanders, et rédigée dans les termes les plus respectueux, fut adressée au Raad, qui la rejeta avec un superbe dédain. Malgré cet échec, l'Union Nationale pour la Réforme *(National Réform Union)*, non composée de capitalistes, tenta un nouvel effort en 1894, et rédigea une pétition qui fut signée par 35,000 Uitlanders mâles et majeurs, c'est-à-dire par autant d'hommes, en toute probabilité, que ceux qui composaient toute la population boer mâle du pays.

Un petit groupe de libéraux dans le Raad parla en faveur du mémoire, et fit de vains efforts pour qu'on rendît justice aux nouveaux venus. L'orateur de ce corps d'élite fut M. Jeppe. « Ces hommes », dit-il « possèdent la moitié des terres ; ils « paient au moins les trois quarts des impôts : au point de vue « de la richesse, de l'énergie et de l'instruction, ils sont bien nos « égaux. Que deviendrons-nous, que deviendront nos enfants le « jour où, à notre tour, nous nous trouverons dans la minorité, « vingt contre un, sans un seul ami dans cette vingtaine, au « milieu de gens qui nous répondront alors qu'ils avaient cherché « à être nos frères, mais que par notre propre fait nous les avions « forcés de demeurer étrangers dans la République? » Ces vues, si raisonnables et si justes, furent combattues par des représentants qui déclarèrent que les signataires du mémoire ne pouvaient être des amis de l'ordre, puisqu'ils combattaient la loi sur la naturalisation, et par d'autres députés dont l'intolérance se manifesta par le défi du représentant nommé ci-dessus, qui somma les Uitlanders de se montrer et de se mesurer avec les Boers les armes à la main.

Les champions de l'exclusivisme et des haines nationales l'emportèrent. La pétition fut rejetee par seize voix contre huit, et, sur la proposition du président de la République, la loi sur la naturalisation fut rendue plus rigoureuse par la stipulation que tout postulant serait tenu de renoncer à sa nationalité pendant les quatorze années d'épreuve, de sorte que pendant tout ce temps il se trouverait n'avoir aucune patrie. Et l'on eut soin de faire sentir aux Uitlanders que, quelle que fût leur attitude, il n'y avait rien à espérer de ce côté ni du président ni des bourgeois. Le président en personne mena un des remontrants à l'extérieur du Palais des Députés, et lui faisant remarquer le drapeau national qui flottait au-dessus, lui dit : — « Vous « voyez ce pavillon? Eh bien, si je vous accordais la franchise à « vous autres, il me faudrait l'amener. »

Sa haine contre les immigrants était inouïe. « Bourgeois, « amis, et vous voleurs, assassins, nouveaux venus et autres! » tel fut le doux exorde d'un discours qu'il prononça en public. Et quoique Johannesburg ne soit qu'à une cinquantaine de kilomètres de Prétoria, et que les revenus de l'État dont il était le chef, provînt des mines d'or, il ne s'y rendit que trois fois en neuf ans.

Cette animosité résolue était déplorable, mais assez naturelle, après tout. On ne doit pas s'attendre à ce qu'un individu qui est convaincu qu'il appartient au peuple de Dieu, qui n'a jamais lu d'autres livres que celui dans lequel cette idée trouve la pâture qu'il lui faut, ait jamais compris l'enseignement de l'histoire sur les avantages qu'une politique libérale entraîne pour un État. Les réclamations des Uitlanders lui semblaient aussi monstrueuses que les prétentions des fils d'Ammon et de Moab à faire partie du peuple de Dieu eussent paru aux douze tribus. Il crut que l'agitation qui se faisait jour contre la politique de l'Etat avait pour but le renversement de la République. S'il eût largement accordé le droit de suffrage, la République fût devenue forte et durable, car ceux des Uitlanders qui désiraient former partie de l'Empire britannique n'étaient qu'en petit nombre. Les Uitlanders étaient des gens venus de tous les pays du monde, et le seul lien qui les rattachait les uns aux autres était l'injustice dont ils souffraient tous. La plupart des Uitlanders anglais ne souhaitaient nullement renverser l'État. Mais quand ils eurent épuisé tous les autres moyens, quand ils virent leurs pétitions rejetées, force leur fut de se retourner vers le drapeau qu'ils voyaient flotter au Nord, à l'Ouest et au Midi, drapeau qui est le symbole d'un gouvernement pur qui assure à tous les mêmes droits et les mêmes devoirs. Les procédés constitutionnels furent délaissés, la contrebande se chargea de fournir des armes, et toutes les mesures furent prises pour un soulèvement en règle.

Il fut décidé que le soulèvement aurait lieu un certain soir, que l'on attaquerait Prétoria, qu'on s'emparerait du fort, et que l'on distribuerait aux Uitlanders les armes et les munitions de guerre qui s'y trouvaient. C'était là un projet capable d'être mené à bout, quoiqu'il nous paraisse des plus chanceux, à nous autres qui avons si bien appris à connaître le talent militaire des bourgeois. Toutefois il se peut que les révoltés eussent réussi à se maintenir dans Johannesburg assez longtemps pour que la sympathie universelle que la cause des Uitlanders avait excitée dans toute l'étendue de l'Afrique du Sud forçât la Grande-Bretagne à intervenir. Malheureusement les chefs avaient compliqué les choses en invoquant de l'aide au dehors. M. Cécil Rhodes, homme terriblement énergique, et qui avait rendu de grands services à l'Empire, était à la tête du ministère de la Colonie du Cap en ce moment-là. Les motifs qui le poussèrent à agir ne sont pas clairs ; ce qu'il y a de certain c'est qu'ils n'étaient point sordides, car c'est un homme d'une vaste portée de pensée et d'habitudes fort simples. Mais enfin, quels que fussent ces motifs — soit désir intempestif de consolider l'Afrique Australe sous une administration anglaise, soit vive sympathie pour les Uitlanders combattant contre l'injustice — il est indéniable qu'il permit à son second, le docteur Jameson, de rassembler la gendarmerie à cheval de la compagnie patentée (*Chartered Company*), que M. Rhodes avait fondée et dont il était le directeur, dans le but de soutenir les révoltés de Johannesburg.

Ensuite, quand il fallut renvoyer l'heure du soulèvement à Johannesburg, par suite de dissensions sur la question du drapeau à arborer, il paraît que Jameson, soit sans, soit par ordre de M. Rhodes, força la main des conjurés et envahit le pays avec des forces si peu nombreuses qu'il lui était absolument impossible de réussir. Ce corps d'enfants perdus se composait de cinq cents gendarmes et de deux pièces d'artillerie légère. Le départ s'effectua non loin de Mafeking, et l'on passa la frontière du Transvaal le 29 décembre 1895. Le 2 janvier la troupe se trouvait entourée par les Boers dans un pays accidenté aux environs de Dornkop, et après avoir perdu nombre d'hommes tués ou blessés, manquant de vivres, et ses chevaux fourbus, elle se vit contrainte de mettre bas les armes. Cette escarmouche coûta la vie à six bourgeois.

Il y a des gens qui ont tout fait pour prouver que le gouvernement anglais avait pris part à l'entreprise avortée, et qui affirment que le ministre des colonies et d'autres hommes d'état en avaient connaissance. Cette opinion s'accrut grâce à l'indisposition apparemment manifestéé par la commission d'enquête à aller au fond des choses, et il est fort à regretter qu'elle n'ait point réclamé la mise au jour de tous les télégrammes et de toutes les lettres sans exception. Néanmoins, il est absurde d'imaginer que la commission évita de prendre cette mesure de crainte d'impliquer M. Chamberlain et le gouvernement de la Reine, car la commission comptait dans son personnel Sir Henry Campbell-Bannerman et Sir William Harcourt; et il est inconcevable que ces deux messieurs aient hésité un instant à éventer le pot aux roses de peur de faire du tort à l'administration, et que plus tard M. Chamberlain eût l'effronterie de nier ouvertement et solennellement toute connaissance de la chose, en la propre présence de ces messieurs qui auraient, dans ce cas, consenti à la suppression des preuves du contraire de ce que le ministre affirmait être la vérité. Une telle supposition est parfaitement ridicule, mais elle fait partie intégrale de la thèse qui voudrait que la commission reculât devant une enquête sérieuse de peur d'avoir à avouer que la patrie était dans son tort.

Il y a plus. Les ennemis les plus acharnés de M. Chamberlain ne sauraient nier que c'est un homme clairvoyant, très résolu, et sachant parfaitement quelles sont les mesures à prendre pour arriver à son but. Ce n'est pas lui qui eût été assez fou pour encourager l'invasion du territoire d'une race dont les prouesses militaires lui étaient connues, par cinq cents gendarmes à cheval et deux canons. On ne saurait concevoir que, au cas même où il eût approuvé l'entreprise, il eût consenti à une si grosse sottise. Et eût-il consenti, aurait-il eu l'étonnante faiblesse, dès qu'il apprit que l'invasion était un fait accompli, de prendre les mesures les plus énergiques, pour défaire ce que, affirmait-on, il avait fait, et assurer ainsi la ruine de ses propres projets ? S'il en était ainsi, comment expliquer qu'il ait envoyé des dépêches télégraphiques des plus précises à Johannesburg, intimant aux Anglais de la façon la plus catégorique, de ne point porter secours aux envahisseurs ? L'accusation est si absurde que seuls ceux qui se laissaient entraîner par la jalousie politique ou par la haine nationale y peuvent ajouter foi.

Et encore, admettant pour le moment que le gouvernement anglais savait que l'invasion se préparait, quelle eût donc été évidemment la première mesure prise par lui? Que Jameson réussît ou non à se rendre à Johannesburg, il était clair qu'une grande lutte éclaterait entre les races habitant l'Afrique du Sud. Le gouvernement n'aurait-il donc pas, sous un prétexte quelconque, renforcé les troupes anglaises qui se trouvaient sur les lieux, et qui étaient si faibles qu'elles ne purent avoir la moindre influence sur la suite des événements? Assurément tout gouvernement l'eût fait, mais c'est précisément ce qui n'arriva pas.

M. Chamberlain répondit à l'accusation portée contre lui de la façon la plus claire et la plus nette.

« Je déclare catégoriquement, dit-il, que je n'avais en ce mo-
« ment, que je n'eus jamais aucune connaissance, ni même aucun
« soupçon d'une invasion hostile et à main armée du Transvaal,
« avant la veille, si je ne me trompe, du jour où cette invasion eut
« lieu. » (Rapport de la commission d'enquête, 1897. Q. 6223.)

Le comte de Selborne, sous-secrétaire d'état dans le ministère des colonies, fit une déclaration tout aussi précise :

— Ni en ce moment-là, ni plus tard, avant le moment où
« l'invasion eut lieu, ne savions-nous un mot de ce que l'on
« appelle maintenant le « projet Jameson » non plus que du fait
« que la révolution à Johannesburg, était en grande partie diri-
« gée de la Colonie du Cap et de Rhodésia, d'où elle tirait une
« forte partie de ses ressources... Sir Hercule Robinson n'avait
« pas le moindre soupçon de ce qui se préparait, pas plus que
« M. le président Kruger, M. Hofmeyr, ou tout autre homme
« d'état dans l'Afrique du Sud, sauf ceux qui concertaient la
« chose. En tout cas, le fait est constant que le ministère des
« colonies ne reçut aucun avis de n'importe qui. J'affirme donc
« qu'il eût été extraordinaire que des souçons nous fussent venus
« à l'esprit. »

Le rapport de la Commission, commission qui comprenait des membres de tous les partis, et dont plusieurs, cela est notoire, brûlaient d'envie « de tomber Joe », ce rapport, dis-je, condamna l'invasion à l'unanimité, et à l'unanimité déclara que le gouvernement n'en avait aucune connaissance.

Ce rapport déclarait que :

« La commission accepte sans réserve les déclarations faites
« par le secrétaire d'état pour les colonies, et par le sous-secré-
« taire, et acquitte complètement les fonctionnaires du ministère
« des colonies de l'accusation, contre eux portée, qu'ils avaient
« connaissance des projets qui amenèrent l'invasion de la Répu-
« blique de l'Afrique du Sud par la troupe du docteur Jameson...

« Ni le secrétaire d'état pour les colonies, ni aucun des fonc-
« tionnaires du ministère des colonies ne reçut aucun avis qui

« leur permît, ou qui eût dû leur permettre d'avoir connaissance « de la conjuration pendant qu'elle se préparait. »

Et pourtant il y a encore aujourd'hui quelques têtes fêlées dans ce pays et sur le continent, nombre de rédacteurs mal renseignés et bourrés de préjugés, qui sont convaincus que le gouvernement britannique ordonna l'invasion!

On a vivement reproché aux Uitlanders de n'avoir point dépêché des renforcements au secours de Jameson, mais il est clair qu'ils ne pouvaient agir autrement qu'ils ne le firent. Ils avaient tout fait pour empêcher Jameson de venir à leur aide, et assurément il était déraisonnable de s'attendre à ce qu'ils allassent délivrer celui qui aurait dû les délivrer eux. Le fait est qu'ils s'étaient fait une idée fort exagérée du nombre d'hommes sous les ordres de Jameson, et que la nouvelle qu'il avait été fait prisonnier les trouva fort incrédules. Quand la nouvelle fut confirmée, ils se soulevèrent, mais assez mollement, non faute de courage, mais à cause des difficultés qui les environnaient. D'un côté le gouvernement anglais reniait Jameson complètement, et faisait tous ses efforts pour décourager la révolte; de l'autre, le président de la République avait coffré les envahisseurs à Prétoria, et donnait à entendre que leur sort dépendait de la conduite que tiendraient les Uitlanders. Ceux-ci furent amenés à croire que s'ils ne mettaient bas les armes, Jameson serait fusillé. De fait, Jameson et ses gens ne s'étaient rendus qu'à condition d'avoir la vie sauve, mais Kruger fit si bien usage des otages qu'il avait pris, qu'il réussit, secondé par le commissaire britannique, à amener les milliers d'habitants de Johannesburg, fort excités, à mettre bas leurs armes sans verser une seule goutte de sang.

Envers les envahisseurs, le président fut généreux; peut-être parce qu'il se sentait incapable de traiter durement des hommes qui avaient eu le talent de lui donner raison et de lui acquérir la sympathie du monde entier. Sa façon inique et tyrannique de traiter les nouveaux venus fut parfaitement oubliée, grâce à l'illégale invasion des flibustiers. Et les vrais griefs furent si parfaitement rejetés dans l'ombre par l'invasion qu'il a fallu des années pour les remettre en lumière, et encore est-il probable que jamais ils ne seront entièrement compris. On oublia que c'était la mauvaise administration du pays qui était la véritable cause de l'invasion, et dès lors le gouvernement pouvait empirer de plus en plus, car il était toujours possible de tout justifier en rappelant l'équipée de Jameson. Accorder le droit de suffrage aux Uitlanders! Mais le pouvait-on après une invasion pareille? La Grande-Bretagne s'opposerait à l'importation d'énormes quantités d'armes et autres préparatifs de guerre? Mais on ne faisait que prendre ses précautions contre une nouvelle invasion! Pendant des années cette fameuse invasion entrava non seulement tout progrès, mais encore toute remontrance. Et le gouvernement anglais, qui avait été absolument étranger à l'invasion, que d'ailleurs il avait essayé de prévenir par tous les moyens à sa disposition, en vit sa cause gâtée et son autorité morale affaiblie.

Les envahisseurs furent renvoyés chez eux, où les simples soldats furent, avec raison, mis en liberté, et les chefs condamnés à divers termes d'emprisonnement qui, certes, ne péchaient pas par la sévérité. Mais envers les prisonniers politiques à Johannesburg, le président Kruger et son entourage se montrèrent infiniment plus sévères qu'envers les partisans armés de Jameson. Il est curieux et intéressant de noter à quelles nationalités appartenaient ces prisonniers. Vingt-trois étaient anglais, seize étaient nés dans l'Afrique du Sud, neuf étaient écossais, six américains, deux gallois, un irlandais, un australien, un hollandais, un bavarois, un canadien, un suisse et un turc. Nul n'est besoin d'autres commentaires de l'affirmation que les seuls Uitlanders anglais s'étaient plaints sérieusement d'être assujettis et opprimés.

Les arrestations avaient été opérées au mois de janvier, mais les prévenus ne furent traduits devant les tribunaux qu'à la fin du mois d'avril. Tous furent déclarés coupables de haute trahison. M. Lionel Phillips, le colonel Rhodes, frère de M. Cécil Rhodes, M. Georges Farrar, et M. Hammond, ingénieur américain, furent condamnés à mort, jugement auquel on substitua plus tard une amende énorme. Les autres prisonniers furent condamnés à deux ans d'emprisonnement et à une amende de 50,000 fr. (2,000 livres sterling) chacun. L'emprisonnement, des plus durs et des plus pénibles, fut aggravé par les rigueurs que déploya le geôlier, un nommé Du Plessis. Un des malheureux se coupa la gorge, et plusieurs autres tombèrent gravement malades; l'état de la prison, au point de vue hygiénique, et la nourriture étant également exécrables. Enfin, à la fin du mois de mai, tous les prisonniers sauf six, furent mis en liberté. Quatre des six suivirent bientôt après; les deux derniers, des solides, Sampson et Davies, refusèrent de signer aucun recours en grâce et restèrent en prison jusqu'à leur libération en 1897. Tout compté, le Transvaal perçut des réformateurs prisonniers la somme énorme de 6,360,000 francs (212,000 livres sterling) en guise d'amendes. Peu après Kruger trouva le mot pour rire dans cette grave affaire; il servit au gouvernement britannique une réclamation d'indemnité se montant à 41,948,450 francs et 6 centimes (1,677,938 livres 3 schellings et 3 pence sterling).

L'invasion avait échoué, et le mouvement de réforme avait échoué, mais les causes qui les avaient rendus possibles, existaient toujours. Il est difficile de comprendre qu'un homme d'état patriotique n'ait pas fait le moindre effort pour porter remède à un état de choses qui avait déjà entraîné de si graves dangers, et qui devait évidemment empirer de jour en jour. Mais Paul Kruger s'endurcit, et ne voulut rien entendre. Les souffrances des Uitlanders devinrent plus terribles qu'auparavant. Il ne leur était resté qu'une seule puissance dans ce pays à laquelle ils pussent en appeler contre leurs torts, les cours de justice. Et maintenant il fut décrété que les cours dépendraient du Volksraad. Le premier président protesta contre pareille dégradation de ses hautes fonctions, et il fut en conséquence mis à la retraite sans pension. Le juge qui avait condamné les réformateurs à mort fut choisi pour lui succéder, et la protection d'une justice stable fut enlevée aux Uitlanders.

L'Etat nomma une commission chargée de faire une enquête sur la condition de l'industrie minière et sur les griefs des Uitlanders. Le rapporteur était M. Schalk Burger, un des plus libéraux parmi les Boers, et l'enquête fut complète et impartielle. Le résultat fut un rapport qui justifiait largement les réformateurs, et qui proposait des remèdes qui, s'ils eussent été appliqués, auraient grandement diminué les griefs dont on se plaignait, car, si la législation éclairée que recommandait le rapport eût été adoptée, les Uitlanders n'eussent pas eu les mêmes motifs de rechercher le droit de suffrage. Mais ni le président ni son docile Raad ne voulurent entendre parler des recommandations de la commission. Le rude vieillard autocrate déclara que Schalk Burger avait trahi en signant un pareil document, et une nouvelle commission, réactionnaire, cette fois, fut nommée pour faire un rapport sur le rapport. De vaines paroles et des paperasses furent le seul résultat obtenu, les Uitlanders ne virent point améliorer leur sort. Mais ils avaient au moins réussi à faire enregistrer leurs giefs et les plus honorables d'entre les bourgeois les avaient déclarés fondés. Petit à petit les journaux dans les pays où l'anglais se parle, en venaient à comprendre le véritable état des choses, obscurci jusqu'alors par les suites de l'invasion, et il devenait de plus en plus clair qu'une paix durable était impossible tant qu'une moitié de la population serait opprimée par l'autre moitié.

Les Uitlanders avaient eu recours aux moyens pacifiques, et ils avaient échoué; ils avaient pris les armes, et ils avaient échoué encore une fois. Que pouvaient-ils faire de plus? Leur propre patrie, puissance souveraine dans l'Afrique du Sud, ne les avait jamais secourus, mais peut-être, si on la suppliait de le faire, elle s'y résoudrait, car, ne fût-ce que par égard pour son propre prestige, elle ne pouvait vraiment pas laisser ses enfants à jamais dans un état de sujétion.

L'étincelle qui mit le feu aux poudres fut l'assassinat, à Johannesburg, d'un sujet anglais, du nom d'Edgar, par un agent de police boer, nommé Jones. La voie de fait fut approuvée par les autorités, et les Anglais se rendirent compte que désormais ils étaient à la merci de cette insolente police armée. En d'autres temps, ce meurtre n'eût pas eu grande importance, sans doute, mais en ce moment-là il fut accepté comme suprême exemple des injustices criantes dont souffraient les mineurs. Une réunion convoquée dans le but de formuler une protestation, fut dispersée par des bandes d'ouvriers sous le commandement de fonctionnaires boers. Poussés au désespoir, les Uitlanders résolurent de s'adresser à la reine Victoria et par là ils transformèrent leurs griefs, jusqu'ici restés questions purement locales, en questions affectant la politique étrangère du pays. La Grande-Bretagne se trouvait forcée de les protéger ou d'avouer qu'elle était impuissante à le faire. Une pétition adressée à la Reine en personne, et réclamant sa protection, fut signée au mois d'avril 1899 par 21,000 Uitlanders.

On peut se rendre compte du ton de cette pétition historique en parcourant les extraits suivants :

« La condition à laquelle les sujets de votre Majesté sont « réduits dans cet état, est devenue presque intolérable.

« Non seulement les torts reconnus et admis, dont les sujets « de votre Majesté se plaignaient dès avant l'année 1895, n'ont

« point été redressés, mais se sont aggravés. Vos pétitionnaires « sont toujours privés de tous droits politiques; ils se voient re- « fuser la moindre part à l'administration du pays : ils sont gre- « vés d'impôts bien au delà des besoins du pays, dont les revenus « sont mal administrés et consacrés à des fins qui entretiennent « un état d'irritation continuel et trop fondé, sans pour cela « servir les intérêts généraux de l'état. La maladministration et « le péculat des revenus nationaux marchent de front, et aucune « mesure n'est prise pour mettre fin à ce scandale. L'instruction « des enfants des Uitlanders est entravée par des conditions « impossibles à remplir. La police ne protège point comme elle « le devrait la vie et les biens des habitants de Johannesburg; « elle constitue plutôt une menace contre la paix et la sûreté de « la population étrangère.

« Un autre grief a acquis une importance grave depuis le « commencement de l'année. Les pouvoirs confiés au gouverne- « ment par la loi sur les assemblées publiques, a constitué un « danger pour les sujets de votre Majesté depuis le jour où cette « loi fut votée. Le gouvernement vient d'user de ces pouvoirs « pour battre en brèche le droit inaliénable dont tout sujet « anglais jouit par le fait même qu'il est Anglais — le droit « d'adresser des requêtes à son souverain. Le gouvernement, « appliquant la loi avec une rigueur sans pareille, a fait arrêter « deux sujets anglais qui avaient pris part à la rédaction d'une « supplique adressée à votre Majesté en faveur de quatre mille « de leurs compatriotes. Le gouvernement a fait plus encore, et « quand les loyaux sujets de votre Majesté se sont efforcés une « fois encore de faire connaître leurs griefs à votre Majesté, l'ad- « ministration a permis que leur assemblée fût dispersée et leur « but empêché par une bande de Boers, organisée par les fonc- « tionnaires du gouvernement et protégée par la police. C'est « donc par les menées directes et indirectes auxquelles le gouver- « nement a eu recours, que les loyaux sujets de votre Majesté « se sont trouvés dans l'impossibilité de débattre publiquement « leurs griefs et de les faire connaître à votre Majesté.

« C'est pourquoi les humbles pétitionnaires de votre Majesté « supplient humblement votre gracieuse Majesté de protéger ses « loyaux sujets domiciliés dans cet état, et d'ordonner une en- « quête portant sur les griefs et les plaintes énumérés et dénoncés « dans cette dite humble supplique, et de commander que le re- « présentant de votre Majesté dans l'Afrique du Sud prenne

« telles mesures qu'il convient pour assurer la prompte réforme « des abus en question, et pour obtenir, de la part du gouvernement de cet état, de solides garanties que les droits des sujets « anglais seront reconnus. »

A partir de la date de cette pétition de nos nationaux si maltraités, les événements se précipitèrent vers un but inévitable. La surface était tantôt agitée et tantôt tranquille, mais le courant était rapide et le bruit de la chute résonnait de plus en plus fort.

CHAPITRE III

LES NÉGOCIATIONS.

Ni le gouvernement anglais ni le peuple anglais ne cherchent à jouir d'une autorité directe dans l'Afrique du Sud. Ce qu'ils demandent par-dessus tout, c'est que les divers états qui constituent l'Afrique du Sud, vivent en concorde, soient prospères, et qu'il n'y ait nul besoin de maintenir un seul habit rouge dans toute l'étendue de la grande péninsule. Nos critiques à l'étranger, ne comprenant aucunement le système colonial de l'Angleterre, ne pourront jamais se rendre compte du fait que la couleur du drapeau d'une colonie douée d'un gouvernement à soi, n'influe pas pour un sou sur le revenu de la Grande-Bretagne, que ce drapeau soit le Vierkleur du Transvaal ou le Union Jack. Le Transvaal, province anglaise, jouira de sa propre administration, de son propre revenu, dépensera ce qu'il voudra, et pourra établir un tarif portant contre la mère-patrie tout autant que contre le reste du monde, sans que pour cela la Grande-Bretagne bénéficie du changement. Cela est si clair pour l'Anglais, qu'il a cessé d'en parler, et c'est peut-être la raison que la vérité sur ce point est si peu connue à l'étranger. D'autre part, quoique la mère-patrie ne retire aucun avantage du changement, c'est sur elle que retombe la plus lourde partie de la dépense de sang et d'or. Assurément, donc, la Grande-Bretagne avait toutes les raisons du monde d'éviter une tâche aussi formidable que la conquête de la République de l'Afrique du Sud. Elle n'avait rien à y gagner, mais au contraire elle courait le risque de beaucoup perdre. Il n'était pas question d'ambition ni d'agression; il y avait à accomplir ou à éviter un grave devoir.

Absurde aussi l'idée d'une conspiration dont le but aurait été d'annexer le Transvaal. Dans un pays libre, le gouvernement ne saurait anticiper, par ses actes, l'opinion publique, et cette opinion est dirigée et reproduite par la presse. Eh bien! durant les mois que durèrent les négociations, pas un seul journal responsable ne publia un seul article favorisant l'idée d'annexation, et personne ne se rencontrait dans le monde pour proposer une telle mesure. L'on savait que de graves torts existaient, et tout ce que l'on réclamait c'était juste ce qu'il fallait de réformes pour redresser ces torts et rétablir l'égalité entre les races blanches dans l'Afrique du Sud. « Que Kruger agisse avec la « plus simple libéralité dans la question du droit de suffrage, « disait le journal qui représente le mieux l'opinion anglaise la « plus saine, et il verra que non seulement l'autorité de la Répu- « blique ne sera nullement affaiblie mais qu'elle sera au contraire « renforcée. Le jour où il accordera à la majeure partie des habi- « tants mâles majeurs le droit de suffrage, sans restrictions, il af- « fermira la République plus sûrement que par tout autre moyen. « Mais s'il rejette toutes les demandes de cette nature, s'il persiste « dans sa ligne de conduite actuelle, il est possible qu'il réussisse à « retarder le jour du jugement, et à maintenir sa bien-aimée oli- « garchie pendant quelques années de plus, mais il ne saurait « éviter le sort qui l'attend. » Cette citation reproduit les vues de la presse anglaise entière, sauf deux ou trois feuilles qui étaient d'avis que même les mauvais traitements infligés sans relâche à nos nationaux, et le fait incontestable que, dans le Transvaal surtout, nous étions tenus de les protéger, ne constituaient point un état de choses qui justifiât notre intervention dans les affaires domestiques de la République. On ne saurait nier que la Jameson raid fut un grave empêchement pour ceux qui désiraient intervenir énergiquement en faveur des sujets anglais. On soupçonnait vaguement que les capitalistes faisaient jouer les ressorts dans leur propre intérêt. Et pourtant il est difficile de comprendre comment le trouble et l'insécurité, et à plus forte raison la guerre, peuvent jamais profiter aux capitalistes; et d'ailleurs, n'est-il pas clair que si quelque redoutable conspirateur faisait usage des griefs des Uitlanders pour en arriver à ses propres fins, le meilleur moyen de le contrecarrer c'était de détruire ces griefs? Toutefois ce soupçon s'était incontestablement emparé de ceux qui aiment à ignorer l'évidence et à grossir ce qui est reculé : par conséquent, pendant toute la durée des négociations, la Grande-Bretagne fut affaiblie par une minorité composée d'hommes dont personne ne songe à nier la sincérité, mais qui étaient tous portés à faire beaucoup de bruit pour rien et à soutenir toutes sortes de thèses absurdes.

C'était en avril 1899 que les Uitlanders anglais avaient réclamé la protection de la mère-patrie. Depuis le mois d'avril de l'année précédente, il s'était établi un commerce de lettres entre M. le docteur Leyds, secrétaire d'état de la République de l'Afrique du Sud, et M. Chamberlain, ministre des colonies, portant sur l'existence ou la non-existence de la suzeraineté. D'un côté, M. Leyds affirmait que la substitution d'une nouvelle convention avait complètement annulé la première; de l'autre, M. Chamberlain soutenait que le préambule de la première convention s'appliquait également à la seconde. Si le Transvaal avait raison, il était évident que la Grande-Bretagne avait été jouée, car elle n'avait reçu aucun *quid pro quo* dans la seconde convention, et il n'était guère probable qu'un ministre des colonies, même des plus négligents, eût été porté à échanger une chose d'une grande valeur contre rien du tout. Mais cette discussion nous ramène toujours à la question purement académique de la nature de la suzeraineté. Le Transvaal admettait le droit de veto quant à ses affaires étrangères, et ce fait seul, à moins qu'il ne répudiât absolument la convention, lui enlevait le droit d'agir en état souverain.

Mais voilà que dans ce débat, — traitant une question de peu d'urgence, après tout, vu qu'il y eut un intervalle de sept mois entre la déclaration et la réponse, — s'interjeta la question absolument brûlante des griefs des Uitlanders et de leurs recours à la mère-patrie. Sir Alfred Milner, le commissaire anglais dans l'Afrique du Sud, qui, quoique membre du parti libéral, avait été nommé par le gouvernement conservateur, jouissait du respect et de la confiance de tous les partis. Il s'était montré habile, clairvoyant, et trop juste pour jamais se rendre coupable d'injustice, que d'ailleurs il ne pouvait tolérer. La question lui fut soumise, et une conférence fut arrangée entre le président Kruger et lui à Bloemfontein, capitale de l'Etat Libre d'Orange. Ils s'y rencontrèrent le 31 mai 1899.

Trois séries de sujets étaient à discuter à cette conférence. La première comprenait toutes les violations de la convention de Londres dont, affirmait l'Angleterre, le Transvaal s'était rendu coupable ; violations qui avaient entraîné tant de frottements entre les deux gouvernements, et qui avaient par trois fois en dix-huit ans, mis les deux états à deux doigts de la guerre. C'était l'annexation par les Boers de territoires appartenant aux noirs; l'entravement du commerce, notamment dans l'affaire de la clôture des gués (*drifts*); la question de la suzeraineté, et la possibilité d'une arbitration. La seconde série comprenait les griefs des Uitlanders, problème nullement prévu par les conventions, et la troisième portait sur le mauvais traitement des Hindous anglais et autres sources de querelles.

Sir Alfred Milner avait soit à discuter chacune de ces questions à tour de rôle — chose impossible et inutile — soit à mettre en avant une question de première importance, une maîtresse question, qui permettrait d'aller au fond des choses, et ferait voir si le gouvernement boer était ou non disposé à essayer, de bonne foi, de mettre fin à la crise. La question que choisit Sir Alfred Milner fut donc celle du droit de suffrage réclamé par les Uitlanders, car il était parfaitement clair que si ceux-ci étaient admis, non pas en juste proportion — jamais on ne fit de demande de ce genre — mais à un degré appréciable, à prendre part à l'administration du pays, ils seraient à même de redresser eux-mêmes leurs griefs petit à petit, et qu'ainsi le gouvernement anglais éviterait la lourde tâche de se porter défenseur de leurs droits.

Toutefois cette question entraîna bien vite la rupture de la conférence. Sir Alfred voulait une loi rétroactive accordant la naturalisation et le droit de suffrage au bout de cinq années de domicile, avec garantie que les régions minières auraient une juste proportion de représentants. M. Kruger offrait la naturalisation après sept ans de domicile, mais entravée de conditions fort nombreuses qui lui enlevaient presque toute valeur; il promettait cinq députés, sur le total de trente-et-un formant le Raad, à la moitié de la population mâle majeure, et ajoutait un article portant que tous différends entre les deux pays seraient soumis à l'arbitration des puissances étrangères, proposition inadmissible par l'état suzerain. Cette proposition, on le voit, réduisait le nombre d'années de domicile requises pour la naturalisation et le droit de suffrage, de quatorze à sept, mais comprenait nombre de conditions qui devaient rendre cette diminution illusoire, tout en réclamant en échange une concession des plus importantes de la part du gourvernement anglais. Ni l'une ni l'autre des parties ne pouvant accepter les propositions faites de part et d'autre, Sir Alfred Milner rentra à Cape-Town au commencement de juin, et le président Kruger retourna à Prétoria. Ainsi rien n'avait été conclu, sinon qu'il était très difficile d'aboutir à une conclusion.

Le 12 juin, Sir Alfred Milner recevait une députation à Cape-Town, et exposait la situation dans le discours qu'il prononçait à cette occasion : — « L'essentiel en Afrique c'est le « principe de l'égalité des races, disait-il. Le seul pays où l'inéga- « lité subsiste jette tous les autres dans un état d'agitation. Nous « ne faisons pas de la politique d'agression; nous sommes infini- « ment patients; cette patience, toutefois, ne saurait dégénérer en « indifférence. »

Deux jours plus tard, M. Kruger s'adressait au Raad : — « Notre partie n'a pas voulu céder la moindre chose, et je ne « pouvais accorder plus que je ne l'avais déjà fait. Dieu a toujours « été pour nous. Je ne veux pas la guerre, mais je ne puis rien « accorder de plus. Quoique notre indépendance nous ait été enle- « vée autrefois, Dieu nous l'a rendue. »

M. Kruger était sincère, sans doute, mais il est étrange d'entendre invoquer Dieu avec tant de confiance en faveur d'un système qui favorisait la vente de l'alcool aux noirs, et qui avait produit l'administration la plus pourrie des temps modernes.

Ce fut une dépêche de Sir Alfred Milner, dans laquelle il exposait ses vues sur la situation telle qu'elle existait, qui fit comprendre au public anglais toute la gravité du cas, et combien il importait de faire un grand effort pour y porter remède. Sir Alfred Milner disait, entre autres choses : — « Les raisons « en faveur de l'intervention sont innombrables. La seule « réponse que l'on ait tenté de faire, c'est que tout s'arrangera « de soi pourvu qu'il n'y ait pas d'intervention. Mais le fait est « que nous avons suivi une politique de laisser-faire depuis des « années, et que le seul résultat est que les choses ont empiré. « Il est faux que c'est en conséquence de l'invasion (*raid*), car « les choses empiraient avant l'invasion, et avant l'invasion la « révolution était sur le point d'éclater au Transvaal. Le résultat « de l'invasion a été de donner plus longue vie à la politique de « laisser-faire, avec tout ce qui s'ensuit.

« Il est incontestable que la vue de milliers de sujets anglais « maintenus en permanence dans un état de sujétion, souffrant « sans cesse de griefs absolument fondés, et en appelant en vain « au gouvernement de Sa Majesté, bat en brèche de plus en plus « l'influence et la réputation de la Grande-Bretagne dans les ter-

« ritoires mêmes de la Reine. Une partie de la presse, et cela non « seulement dans le Transvaal, prêche ouvertement et sans cesse « le dogme d'une république qui s'étendrait sur toute l'Afrique « australe, et soutient cette thèse par des allusions aux arme- « ments du Transvaal, à son alliance avec l'État Libre d'Orange, « et au concours sympathique qui serait accordé, en cas de guerre, « par une certaine partie des sujets de Sa Majesté. Il m'est « pénible d'ajouter que cette proposition soutenue d'un flot con- « tinuel des plus vils mensonges à propos des intentions du gou- « vernement de Sa Majesté, a beaucoup d'influence sur un grand « nombre de nos colons hollandais. On parle souvent d'une façon « qui semble affirmer que, même dans cette colonie, les Hollan- « dais ont des droits supérieurs à ceux de leur concitoyens « anglais. Il y a des milliers d'hommes disposés à rester tran- « quilles, et qui seraient parfaitement satisfaits d'être sujets « anglais, si on les laissait en repos, qui deviennent désaffection- « nés, et d'autre part les Anglais sont exaspérés.

« Je ne vois pas d'autre moyen d'arrêter cette dangereuse pro- « pagande qu'une déclaration catégorique de la part du gouverne- « ment de Sa Majesté que la Grande-Bretagne ne se laissera d'au- « cune façon priver de la position qu'elle occupe dans l'Afrique « du Sud. »

Telles furent les paroles graves et bien pesées dont se servit le proconsul anglais pour avertir ses compatriotes de ce qui allait se passer. Il voyait bien l'orage grossir au nord, mais même lui ne comprenait pas combien proche était la tempête et combien terrible.

Pendant les derniers jours du mois de juin et les premiers du mois de juillet, on fut fondé à espérer de bons résultats de la médiation entreprise par les chefs de l'Africander Bond, la société politique fondée par les colons hollandais du Cap. D'un côté, ils étaient parents des Boers ; de l'autre, ils étaient sujets anglais et jouissaient des institutions libérales que nous désirions voir établir au Transvaal. « Traitez nos gens comme nous traitons les vôtres ! » Cette seule phrase renfermait toutes nos prétentions. Mais la mission n'aboutit pas, quoiqu'un projet, qui reçut l'approbation de M. Hofmeyr et de M. Herholdt, membres de la Bond, et de M. Fischer, de l'Etat Libre d'Orange, fût proposé dans le Raad et applaudi par M. Schreiner, Africander lui-même, et premier ministre de la Colonie du Cap. Dans la rédaction première, les articles en étaient obscurs et compliqués, le délai requis pour l'obtention du droit de suffrage variant de neuf à sept ans selon les conditions. Dans le courant des discussions, toutefois, le projet fut amendé jusqu'à ce qu'enfin le chiffre fut porté à sept ans, et le nombre de représentants accordés aux territoires miniers à cinq. Ce n'était pas accorder beaucoup, et ce n'était guère faire la part belle à la moitié de la population mâle majeure, que de lui donner cinq représentants sur trente-et-un. Mais le fait que le nombre d'années de domicile avait été réduit à sept fut joyeusement accueilli en Angleterre, comme preuve qu'une transaction était encore possible. Tout le pays ressentit le soulagement. « Si ce bruit se trouve être fondé, disait le « ministre des colonies, un changement si grave dans les projets « du président Kruger, en outre des modifications déjà apportées, « fait espérer au gouvernement que l'on pourra utiliser la nou- « velle loi et en faire la base d'un arrangement dans le sens indi- « qué par Sir Alfred Milner à la conférence de Bloemfontein. » Le ministre ajoutait qu'il s'y rencontrait certaines conditions vexantes, mais il concluait ainsi : — « Le gouvernement de Sa « Majesté est convaincu que M. le président ayant admis le prin- « cipe que nous avons toujours maintenu, sera disposé à revoir « les détails de son projet qui seraient de nature à entraver la « pleine exécution de la réforme voulue, et qu'il ne tolérera point « qu'ils soient ni annulés ni affaiblis par des changements ulté- « rieurs apportés à la loi, ou par des actes administratifs. »

En même temps le *Times* déclarait que la crise avait pris fin : — « Si les hommes d'état hollandais du Cap ont amené « leurs confrères au Transvaal à voter une loi de ce genre, ils « méritent la reconnaissance éternelle, non seulement de leurs « propres compatriotes et des colons anglais dans l'Afrique du « Sud, mais encore de l'Empire britannique et du monde entier. »

Assurément la façon dont on accueillit en Angleterre l'idée que la crise avait pris fin, est une preuve concluante que là du moins l'on souhaitait vivement que la crise ne se terminât pas par la guerre.

Mais cette éclaircie ne devait être que de peu de durée. Des questions de détail se présentèrent et se trouvèrent être en réalité de la première importance. Les Uitlanders et les Africanders anglais, qui avaient éprouvé par le passé combien peu l'on pouvait se fier aux promesses du président Kruger, réclamèrent des garanties, car déjà, au lieu de cinq années de délai avant l'obtention de la naturalisation, — terme que Sir Alfred Milner avait déclaré ne pouvoir être dépassé en aucun cas, — on en demandait sept. Toutefois notre gouvernement n'aurait point rejeté cette proposition même, dût-il par là froisser quelque peu l'amour-propre de son représentant; mais elle se trouvait compliquée de conditions, qui, étant rédigées par un diplomate si tortueux, excitèrent les soupçons. Par exemple, l'étranger qui postulait la naturalisation, était tenu d'exhiber un certificat d'enregistrement ininterrompu pendant un certain nombre d'années. Or la loi sur l'enregistrement avait cessé d'être appliquée dans le Transvaal, et cette réserve viciait donc le projet en son entier. En outre, il était clair qu'on comptait en faire usage, de cette réserve, puisqu'elle était soigneusement maintenue : on ouvrait bien la porte, mais on avait soin de la bloquer au moyen d'une grosse roche.

Autre difficulté : ceux des nouveaux venus qui pourraient obtenir la naturalisation ne devaient en jouir que tant qu'il semblerait bon à la haute chambre du Raad (*First Raad*) ; de sorte que les représentants des intérêts miniers qui se permettraient de proposer un projet de loi visant un abus quelconque, étaient à la merci de la majorité boer qui serait à même de mettre à la porte non seulement le projet de loi, mais encore les représentants avec. L'opposition était rendue incapable de rien faire, puisque le gouvernement pouvait à volonté enlever le mandat de ses membres par un trait de plume, et quand bon lui semblerait. Il était clair qu'une pareille mesure, bourrée de réserves de ce genre, méritait d'être soigneusement étudiée avant que le gouvernement anglais l'acceptât comme solution définitive et justice faite à ses nationaux. D'autre part, le gouvernement de la Reine ne désirait pas refuser les articles qui semblaient devoir apporter quelques améliorations au sort de ses sujets. Il proposa donc que chaque gouvernement nommât des délégués qui formeraient une commission mixte, chargée d'étudier le fonctionnement de la loi proposée avant la rédaction définitive. Cette proposition fut soumise au Raad le 7 août; Sir Alfred Milner ajoutant que dès cette affaire conclue, il serait prêt à discuter toutes les autres questions, y compris celle de l'arbitration sans intervention d'une puissance étrangère.

On a blâmé cette proposition de commission mixte comme constituant une intervention indue dans les affaires domestiques d'un autre pays; mais la question tout entière, dès le début, avait porté sur les affaires domestiques d'un autre pays, vu qu'il était impossible que l'Afrique du Sud fût jamais en repos tant qu'une nationalité tentait d'en asservir une autre. Inutile de suggérer des analogies et de se demander ce que dirait la France si l'Allemagne se permettait d'intervenir dans la question du suffrage en France; mais admettons qu'il y eût en France presque autant d'Allemands que de Français, et qu'ils y fussent maltraités, l'Allemagne interviendrait sans perdre une minute, et continuerait à intervenir tant qu'un juste *modus vivendi* ne serait point établi.

Le fait est que le cas du Transvaal était unique; qu'un pareil état de choses ne s'était jamais vu, et qu'aucun précédent ne pouvait y être appliqué, sauf la règle générale que les blancs qui paient de forts impôts ont droit à la représentation. J'admets que la sympathie sentimentale penche du côté des Boers, mais il est hors de doute que la raison et la justice sont uniquement du côté des Anglais en ceci.

La réception des propositions du ministre des colonies est suivie d'une longue période d'attente. Prétoria n'envoie pas la moindre réponse. Mais de tous côtés affluent les preuves que les préparatifs de guerre, commencés sous main même avant l'invasion Jameson, sont vivement poussés. Vu le peu d'étendue de l'État, des sommes énormes sont consacrées à l'acquisition de matériel de guerre. Non-seulement par la voie de la baie de Delagoa, mais encore, malgré l'indignation des colons anglais, par la voie de Cape-Town et de Port-Elisabeth, les caisses de carabines et de cartouches arrivent aux arsenaux. D'énormes colis, venus d'Allemagne et de France, et portant des inscriptions telles que « Outils aratoires » et « Machines pour mines », sont dépêchés aux forts de Johannesburg et de Prétoria, où leurs contenus sont mis en position sur les remparts. Dès le mois de mai, le président de l'Etat Libre d'Orange, que les naïfs et confiants Anglais croyaient être le sincère intermédiaire chargé d'amener la paix, écrit à Grobler, fonctionnaire du Transvaal, pour réclamer sa part du lot de vingt-cinq millions de cartouches importées à cette heure. Et c'est là l'individu qui, quinze jours plus tard, à Bloemfontein, posait en médiateur entre les deux adversaires !

Depuis trois ans le Transvaal était occupé à s'armer de toutes pièces. Le nombre de fusils à magasin modèle moderne, était si grand qu'il y en avait assez pour en donner cinq à chaque bourgeois, et l'importation de cartouches se faisait sur une aussi grande échelle. Dans quel but tous ces préparatifs? Evidemment dans le but de faire la guerre à la Grande-Bretagne et nullement pour la simple défense du pays. Ce n'est pas pour une guerre défensive qu'un Etat se pourvoit d'un nombre de fusils capable d'armer tous les individus de race hollandaise dans toute l'étendue de l'Afrique du Sud. Or, pendant les années que le Transvaal utilisait pour s'armer, l'Angleterre n'avait renforcé aucune de ses garnisons, et ce fait prouve hautement que c'est le Transvaal et non point la Grande-Bretagne qui voulait la guerre. Pendant plus de trois semaines, M. Kruger ne soufflant mot, ces préparatifs furent poussés de plus en plus énergiquement et ouvertement.

Mais il y avait un fait infiniment plus important et qui dominait la situation et retardait la crise : le bourgeois ne saurait partir en guerre sans son cheval; son cheval ne peut faire la campagne sans pâturage ; le pâturage n'est prêt qu'après les pluies, et les pluies devaient se faire attendre encore pendant quelques semaines. Il importait donc de ne point hâter indûment les négociations tant que la veldt n'était encore qu'une vaste étendue fauve, sur laquelle le vent balayait la poussière. M. Chamberlain et la nation anglaise durent donc attendre la réponse pendant des semaines. Mais la patience et du ministre et de la nation avait des bornes, ainsi qu'on le vit le 26 août, quand le ministre des colonies donna à entendre, dans une déclaration dont la précision était aussi inusitée que bienvenue en affaires diplomatiques, que la question ne pouvait être écartée indéfiniment. « Le « sable s'écoule dans le sablier, dit-il, et quand il sera écoulé « nous ne serons plus liés par ce que nous avons offert; mais ayant « mis la main à la pâte, nous ne nous arrêterons que lorsque « nous aurons acquis des garanties qui établiront une fois pour « toutes le fait que nous sommes suprêmes dans l'Afrique du Sud, « et que nous aurons obtenu pour nos compatriotes dans ce pays « l'égalité de droits et de privilèges qui leur fut promise par le « président Kruger, lorsque la Reine accorda l'indépendance au « Transvaal, droits qui sont bien le moins qu'on puisse leur accor- « der. »

Peu de jours après, lord Salisbury s'était exprimé tout aussi clairement : « Personne chez nous ne songe à écarter les conven- « tions tant qu'il sera reconnu que si d'un côté elles garantissent « l'indépendance du Transvaal, de l'autre elles garantissent l'éga- « lité de droits politiques et civiques à tous les colons de quelque

« nationalité qu'ils soient. Mais ces conventions ne ressemblent « pas aux lois des Mèdes et des Perses. Elles sont mortelles, et « peuvent être détruites et une fois détruites, elles ne sauraient « jamais être rétablies sous la même forme. »

On sentait que la Grande-Bretagne était à bout de patience. Cependant d'aucuns s'efforçaient d'amener le vieux président et ses conseillers, — si toutefois il en a jamais eu, des conseillers, — à accepter la proposition d'une commission mixte faite par l'Angleterre. Sir Henry de Villiers, le représentant de l'opinion la plus intelligente du Cap, plaidait chaleureusement dans ses lettres la cause de la paix, et suppliait M. Fischer, de l'Etat Libre d'Orange, de faire tout son possible pour donner une tournure plus pacifique aux négociations, « Tâchez d'amener M. le « président Kruger à s'entendre amicalement avec M. Chamber- « lain, et de mettre fin à l'agitation qui depuis tant d'années fait le « malheur de ce pays. » De semblables conseils venaient d'Europe : le ministre hollandais télégraphiait ainsi qu'il suit :

« Le 4 août 1899. — Communiquez confidentiellement au « président qu'ayant appris par le ministre du Transvaal la pro- « position anglaise de créer une commission internationale, je « recommande au président, dans l'intérêt de sa patrie, de ne « point rejeter péremptoirement cette proposition. »

« Le 15 août 1899. — Veuillez communiquer confidentielle- « ment au président le fait que le gouvernement allemand partage « l'opinion exprimée par moi dans ma dépêche du 4 août, qu'il ne « doit pas rejeter la proposition anglaise. Le gouvernement alle- « mand est convaincu, comme moi, que dans un moment si cri- « tique tout appel à l'une des grandes puissances ne produirait « aucun résultat et constituerait un grave danger pour la Répu- « blique. »

Mais ni ses frères africanders ni ses amis à l'étranger ne purent détourner le vieux président du chemin qu'il s'était tracé. Le fait est qu'il savait parfaitement que sa loi sur la franchise ne pouvait soutenir l'étude, et que les conditions dont elle était chargée étaient si compliquées et si impossibles à remplir, que, comme le fit remarquer un avocat éminent, « on aurait tout aussi bien fait « de dire soixante-dix ans au lieu de sept. » Longtemps il reste bouche close, et quand enfin il prit la parole, ce fut pour ouvrir une nouvelle phase des négociations. Ses munitions de guerre ne lui étaient encore point toutes livrées; les fusils n'étaient point encore tous distribués, et la veldt n'avait point encore reverdi. Il fallait donc faire marcher les choses pendant deux mois de plus. « Vous êtes passés maîtres dans l'art de gagner du temps » dit M. Labouchère à M. Montagu White; et le président se mit en devoir de prouver que cela était vrai.

Ce fut le 12 août qu'il énonça ses nouvelles propositions. Il écartait la commission mixte, et il offrait, de la part du gouvernement boer d'accepter le projet sur le suffrage avancé par Sir Alfred Milner, à condition que le gouvernement anglais retirât ou abandonnât ses prétentions à la suzeraineté, consentît à l'arbitration par un tribunal anglais et sud-africain, et s'engageât à ne jamais plus intervenir dans les affaires domestiques de la République. A quoi la Grande-Bretagne répondit qu'elle consentait à l'arbitration; qu'elle espérait ne jamais plus avoir à intervenir en faveur de ses sujets, car le droit de suffrage une fois concédé, toute raison d'intervenir disparaîtrait de soi, et, enfin, qu'elle n'abandonnerait jamais sa position de puissance suzeraine. M. Chamberlain rappelait au gouvernement du Transvaal, en terminant sa dépêche, qu'il y avait d'autres sujets en litige entre les deux gouvernements, en dehors de la question de la naturalisation, et qu'il serait bon de les résoudre à la même occasion. Il faisait allusion à la position de la race noire et au traitement accordé aux Anglo-Indiens.

Il y eut un moment où la paix sembla être proche, il n'existait pas de bien forte différence d'opinion entre les deux parties, et l'on était assurément fondé à croire que si les négociations étaient de bonne foi, cette différence disparaîtrait. Mais le Transvaal venait de s'assurer l'alliance de l'Etat Libre d'Orange; il croyait la colonie du Cap prête à se révolter, et il savait qu'avec ses soixante mille cavaliers et ses cent pièces de canon, il était de beaucoup la plus grande puissance militaire dans l'Afrique du Sud. On ne saurait lire le rapport des négociations sans aboutir à la conclusion qu'on ne voulait pas qu'elles aboutissent, et que celle des deux parties qui ne le voulait pas était celle qui de longue main s'était préparée à faire la guerre. De Villiers, critique ami, dit du gouvernement du Transvaal : — « Pendant « toute la durée des négociations il a toujours tout fait pour empê- « cher une décision claire et précise. » Et par la suite l'on ne vit que trop bien pourquoi le Transvaal en avait agi ainsi. C'est parce qu'il se savait plus fort pour la guerre que pour la politique, et qu'il était résolu à faire la guerre. Il fallait donc à tout prix empêcher les négociations d'en arriver à tel point que la paix fût inévitable; car à quoi bon les canons et les fusils si l'on devait aboutir à une transaction après tout? « Nous ne « redoutons qu'une chose, écrivait le jeune Blignant; c'est que « Chamberlain dont on connaît l'humeur inconstante, ne nous « enlève notre guerre et, par conséquent, l'occasion d'annexer la « colonie du Cap et le Natal, et de constituer la République des « Etats-Unis de l'Afrique du Sud. » Ambition légitime, dira-t-on, mais qui certes ne pouvait marcher de front avec des négociations visant de bonne foi la paix.

Le temps était venu pour les Boers de gâter la situation, et le 2 septembre le gouvernement du Transvaal envoya sa réponse. Elle était brève et tranchante; elle retirait l'offre d'accorder le droit de suffrage; elle affirmait à nouveau la non-existence de la suzeraineté. Les négociations étaient rompues, et il ne semblait pas qu'elles pussent être renouées. En raison de la prise d'armes des bourgeois, la petite garnison du Natal avait pris des positions pour garantir la sécurité des frontières. Le Transvaal réclama des explications à ce sujet, et Sir Alfred Milner répondit que les troupes étaient postées là pour la sauvegarde des intérêts de la Grande-Bretagne et pour parer aux éventualités.

Le 8 septembre eut lieu une réunion du conseil des ministres, une des plus importantes de nos jours. La situation militaire était critique; on ne pouvait laisser la poignée d'hommes en garnison en Afrique à la merci de la nombreuse et formidable armée que les Boers pouvaient lancer contre elle à un moment donné; mais d'autre part il importait d'éviter même le semblant d'une menace ou d'un recours aux armes. En conséquence les troupes ne furent renforcées que juste assez pour bien faire voir qu'elles devaient se tenir sur la défensive et non point attaquer. L'Inde envoya cinq mille hommes dans le Natal, et les garnisons du Cap furent augmentées par des renforts venus de l'Angleterre.

Tout en prenant ces mesures de défense, le gouvernement anglais envoyait à Prétoria une dépêche reconnue modérée même par les ennemis du Gouvernement, et contenant une proposition propre à amener la paix.

En premier lieu, la prétention du Transvaal de s'ériger en Etat souverain, comme l'était l'Etat Libre d'Orange, y était nettement repoussée, et toute proposition comportant cette prétention était rejetée, le rang du Transvaal ayant été fixé par des conventions consenties par les deux gouvernements, et rien ne s'étant passé qui dût faire accepter aux Anglais un changement si complet. Mais le gouvernement de la Grande-Bretagne se déclarait prêt à accepter les cinq années de domicile pour l'obtention du droit de suffrage, ainsi qu'il l'avait déjà déclaré dans la note du 19 août, et il allait sans dire que dans les délibérations du Raad chaque représentant aurait le droit de parler sa propre langue.

« L'acceptation de ces conditions par la République de « l'Afrique du Sud mettrait fin de suite aux différends qui exis- « taient entre les deux gouvernements, et selon toute probabilité « rendrait inutile à l'avenir toute intervention dans le but de « redresser des griefs que les Uitlanders pourraient alors eux- « mêmes faire connaître au conseil exécutif et au Volksraad.

« Le gouvernement de Sa Majesté sent de plus en plus com- « bien il serait dangereux d'attendre plus longtemps avant de « mettre fin aux relations si tendues qui ont déjà fait tant de mal « à l'Afrique du Sud, et il réclame en conséquence une réponse « immédiate et catégorique à la présente proposition. Si elle est « acceptée, il est prêt à prendre immédiatement toutes les disposi- « tions... requises pour régler les détails du tribunal d'arbitration « qu'il propose... Si, au contraire, quoiqu'il espère sincèrement « qu'il n'en sera rien, la réponse de la République de l'Afrique du « Sud se trouvait être soit un refus, soit inconcluante, je suis chargé « de déclarer que le gouvernement de Sa Majesté se verrait forcé « de se réserver le droit d'examiner la situation *de novo* et de for- « muler ses propres dispositions en visant une solution définitive. »

Cette dépêche était si modérée quant à la forme et si courtoise quant au ton qu'elle fut unanimement approuvée par la presse et les politiques de tous les partis, et que tous attendirent une réponse qui devait mettre fin à la tension entre les deux gouvernements. MM. Morley et Léonard Courtney, la *Daily Chronicle*, — en un mot les adversaires les plus résolus du gouvernement, — tombèrent d'accord que c'était là un message de paix. Malheureusement en ce moment-là les Boers qui s'enorgueillissaient outre mesure de leurs propres talents militaires, et qui n'avaient qu'une piètre opinion des nôtres, ne pouvaient être satisfaits que par l'humiliation absolue et abjecte de l'Angleterre. Le loup anglais et l'agneau boer, création de l'imagination des habitants du continent, eût fait rire les citoyens de Prétoria, qui ne doutaient nullement de l'issue de la guerre. Les bourgeois n'étaient pas d'humeur à rien céder; ils avaient la conscience de leur propre force, et ils se disaient avec raison qu'ils constituaient de beaucoup la plus forte puissance militaire de l'Afrique australe. « Nous avons déjà battu l'Angleterre, mais ce ne sera rien « en comparaison de la râclée que nous allons lui administrer, » disait un citoyen des plus huppés. « Reitz paraît traiter l'affaire « en plaisanterie, » disait Villiers. « Pourquoi partir? » disait le premier président de la cour de justice du Transvaal à un pasteur anglais. « La guerre sera finie en quinze jours. Nous aurons pris « Kimberley et Mafeking, et nous aurons rossé les Anglais dans « le Natal de si bonne façon qu'ils nous supplieront de leur ac- « corder la paix. » Telles étaient les idées extravagantes qui portèrent les Boers à repousser le rameau d'olivier.

Le 18 septembre fut publiée à Londres la réponse officielle du gouvernement boer à la dépêche du conseil des ministres. La forme en était raide et nullement conciliatrice : dans le fond, le gouvernement rejetait absolument toutes les demandes anglaises. Il refusait de recommander ou de proposer au Raad le droit de suffrage en cinq ans, et les autres mesures déclarées par le gouvernement anglais être les moindres susceptibles d'être acceptées si l'on voulait faire justice aux Uitlanders. Quant à la proposition que les débats dans le Raad se fissent dans les deux langues, comme dans la Colonie du Cap et au Canada, elle était rigoureusement écartée.

Le gouvernement de la Grande-Bretagne avait déclaré dans sa dernière dépêche que, si la réponse se trouvait être un refus ou inconcluante, il se réservait « le droit d'examiner la situation « *de novo*, et de formuler ses propres propositions en visant une « solution définitive. » La réponse était à la fois un refus et inconcluante; le conseil se réunit donc le 22 septembre pour aviser à la rédaction d'une nouvelle dépêche. Cette dépêche était ferme et brève, mais rédigée de façon à ne point rendre la paix impossible. Elle exprimait le profond regret qu'éprouvait le gouvernement anglais de voir rejeter les modestes propositions énumérées dans la dépêche précédente, et déclarait que bientôt, selon la promesse faite, il soumettrait lui-même une solution. Ce n'était pas un ultimatum, mais c'était l'avant-coureur d'un ultimatum prochain.

Dans l'intervalle le Raad de l'Etat Libre d'Orange s'était

réuni le 21 septembre, et il devint de plus en plus certain que cette république, contre laquelle nous n'avions pas l'ombre d'un grief, mais, au contraire, que nous admirions et aimions beaucoup, allait se déclarer contre la Grande-Bretagne. Quelque temps auparavant le Transvaal et l'Etat Libre d'Orange avaient conclu une alliance offensive et défensive, qui paraîtrait avoir été un bien mauvais et bien téméraire marché du côté de l'Etat Libre, à moins que l'histoire secrète, quand elle sera révélée, ne modifie cette croyance. L'Etat Libre d'Orange n'avait rien à craindre de la part de la Grande-Bretagne, puisque celle-ci l'avait de son propre gré constitué république indépendante, avait vécu en paix et concorde avec lui depuis quarante ans, et que ses lois étaient aussi libérales que les lois anglaises. Par ce traité funeste l'Etat Libre d'Orange s'engagea à partager le sort d'un pays qui provoquait la guerre de la façon la plus délibérée, grâce à son attitude d'hostilité persistante, et dont la législation réactionnaire et étroite aurait dû, semble-t-il, lui enlever la sympathie de son si progressif voisin. Même du temps du président Brand, homme politique plein de sagesse, plein d'expérience, la ligne de conduite à tenir était parfaitement reconnue. « M. le président Brand, dit Paul Botha, lui-même un « *voortrekker* et un Boer pur sang, reconnut clairement quelle « devait être notre ligne de conduite. Il évita toujours de froisser « le Transvaal, mais il aimait l'Etat Libre d'Orange et son indé- « pendance qu'il voulait maintenir, au lieu de faire du pays une « simple dépendance du Transvaal. Et dans le but de maintenir « cette indépendance, il rechercha toujours l'amitié de l'Angle- « terre.

« M. le président Brand comprenait parfaitement qu'une union « plus étroite avec le Transvaal, mal administré, turbulent, et « dirigé par la politique provocante de Kruger, entraînerait iné- « vitablement une guerre désastreuse contre l'Angleterre.

« Moi aussi (c'est toujours Paul Botha qui parle) j'en étais « convaincu, et je m'opposai sans relâche à une union plus « étroite. Je me rappelle avoir avancé mes raisons un jour dans « le Volksraad, et avoir terminé mon discours ainsi : — Dieu « veuille que mes craintes ne soient pas fondées, car, si elles le « sont, malheur, malheur à l'Etat Libre d'Orange ! »

Si l'Etat Libre d'Orange courut à sa perte ce ne fut donc pas faute de sages conseils qui indiquaient une route plus sûre, mais il paraît s'être complètement trompé quant à la puissance des deux adversaires et quant à l'avenir probable de l'Afrique du Sud. En effet, que pouvait espérer de plus l'Etat Libre d'Orange, déjà république absolument libre et indépendante? Cela n'empêcha pas les habitants de se laisser emporter par des préjugés de race que des journalistes soudoyés et des prédicateurs fort peu chrétiens s'appliquaient à répandre. « Quand je songe à la façon « dont les prédicateurs abusent de leur influence, dit Paul Botha, « je ne puis trouver d'expressions assez fortes pour rendre mon « indignation. La parole de Dieu était prostituée. Un ministre de « Dieu me dit lui-même, en clignant de l'œil, qu'il était forcé de « prêcher contre les Anglais sous peine de perdre les bonnes grâces « de l'administration. » Telles furent les influences qui agirent sur l'Etat Libre et le portèrent à signer un traité insensé, par lequel il se voyait forcé de prendre les armes, sans la moindre provocation, contre un pays qui ne lui avait jamais fait de mal, et qui avait toujours fait preuve de bonne volonté envers lui.

Le discours prononcé par M. le président Steyn, à l'occasion de l'ouverture du Raad, et le soutien qui lui fut accordé par la majeure partie des bourgeois, firent bien voir que les deux républiques allaient agir de concert. Dans son discours d'ouverture, Steyn déclara nettement que l'Etat Libre d'Orange était lié au Transvaal par tout ce qu'il avait de plus cher.

Entre autres mesures militaires, évidemment nécessaires, dont le gouvernement anglais ne pouvait plus retarder l'exécution, il fallait envoyer un petit nombre de troupes protéger la longue ligne de chemin de fer qui court jusqu'en deçà de la frontière du Transvaal, de Kimberley au territoire de la Rhodesia, et qui était très exposée. Sir Alfred Milner fit connaître ce mouvement de troupes au président Steyn, lui faisant sentir que cette mesure n'était nullement dirigée contre l'Etat Libre d'Orange. Sir Alfred ajoutait que le gouvernement anglais espérait toujours en arriver à une solution pacifique des différends avec le Transvaal, mais que si cet espoir était déçu il s'attendait à ce que l'Etat Libre se maintiendrait dans les bornes de la stricte neutralité et préviendrait toute intervention armée de la part de ses nationaux. En revanche l'Angleterre s'engageait à maintenir inviolable l'intégrité de la frontière de l'Etat Libre d'Orange. Enfin il déclarait qu'il n'y avait aucune raison qui dût interrompre les bonnes relations qui existaient entre les deux états, vu que la Grande-Bretagne ne ressentait que de l'amitié pour l'Etat Libre.

Le président Steyn répondit d'une façon fort peu gracieuse, qu'il désapprouvait la conduite de l'Angleterre envers le Transvaal, et qu'il ne pouvait que regretter le déplacement de troupes, que les bourgeois envisageraient comme menace. Et un ordre du jour, voté un peu plus tard par le Raad de l'Etat Libre, et qui se terminait ainsi : — « Advienne que pourra, l'Etat Libre « d'Orange remplira fidèlement et sincèrement son devoir envers « le Transvaal en vertu de l'alliance politique conclue entre les « deux pays, » prouva définitivement que cet état créé par nous, et qui n'avait pas ombre de querelle contre nous allait fatalement se précipiter dans le gouffre.

Cependant les deux nations faisaient des préparatifs militaires; les Boers sur une vaste échelle; les Anglais bien modestement.

Le 15 août, au moment où la situation devenait de plus en plus tendue, la conférence de Bloemfontein ayant échoué et la dépêche de Sir Alfred Milner ayant été envoyée, le nombre de soldats anglais dans l'Afrique du Sud était de tout point inférieur au minimum requis pour la défense des frontières. Ce fait ne suffit-il point à éclairer ceux qui, contre toute évidence, persistent à croire que ce furent les Anglais qui forcèrent la guerre? D'ordinaire, un homme d'État qui veut amener la guerre à tout prix fait ses préparatifs d'avance; c'est précisément ce que fit M. Kruger, et c'est précisément aussi ce que ne firent point les autorités anglaises. La puissance suzeraine, si outrecuidante, assurait-on, n'avait, en ce moment, dispersés sur une longue frontière, que deux régiments de cavalerie, trois batteries d'artillerie de campagne, et six bataillons et un demi-bataillon d'infanterie, en tout, environ six mille hommes. Les « pauvres états pasteurs », au contraire, étaient à même de mettre en campagne plus de cinquante mille cavaliers, dont la mobilité doublait le nombre, et une admirable artillerie qui comprenait des canons du plus fort calibre que l'on eût encore vu sur un champ de bataille. Il est hors de doute qu'en ce moment-là les Boers auraient pu facilement pénétrer jusqu'à Durban ou Cape-Town. Les troupes anglaises, forcées de se tenir sur la défensive, auraient pu être masquées, pour être détruites plus tard, et le gros des envahisseurs n'aurait eu à surmonter qu'une résistance irrégulière et locale, qu'aurait d'ailleurs neutralisée l'apathie ou l'hostilité des colons hollandais. Il est étonnant que l'idée que les Boers étaient capables de prendre l'initiative ne soit point venue à l'esprit de nos chefs, et qu'ils n'aient pas compris qu'en ce cas nos renforts tardifs auraient à débarquer sous le feu du canon républicain. Toutefois, s'ils coururent un grave danger, ils prouvèrent surabondamment à tous ceux qui ne refusent point résolument de reconnaître la vérité, que le gouvernement anglais n'avait jamais songé, pas plus qu'il n'avait jamais désiré, à trancher la question avec l'épée.

Les importunités du premier ministre de la colonie du Natal amenèrent le gouvernement anglais à renforcer la garnison de ce pays petit à petit, en partie par des troupes envoyées d'Europe, en partie par un corps de cinq mille hommes de troupes anglaises envoyées de l'Inde. Quand ces renforts débarquèrent, vers la fin de septembre, le nombre de troupes dans l'Afrique du Sud s'éleva à vingt-deux mille hommes, nombre insuffisant sans doute si l'on devait se mesurer en rase campagne avec un ennemi mobile, nombreux et brave, mais qui se trouva être assez fort pour empêcher le terrible désastre qui nous menaçait, ainsi que nous ne le comprenons que trop bien, maintenant que nous sommes mieux renseignés.

Quelques semaines s'écoulèrent après l'envoi de la dépêche du conseil des ministres du 8 septembre; la situation militaire n'était plus désespérée, mais elle était encore précaire. On avait droit de s'attendre qu'aux vingt-deux mille hommes de l'armée régulière qui étaient sur les lieux, viendraient se joindre quelque dix mille colons; mais d'autre part les troupes avaient à protéger une vaste frontière, l'attitude de la Colonie du Cap n'était rien moins que franche, et il était possible que les noirs prissent parti contre nous. On ne pouvait laisser dans le Natal que la moitié des troupes de la ligne, et il était impossible de leur envoyer des renforts en moins d'un mois à partir de la déclaration de guerre. Si donc M. Chamberlain cherchait à faire peur à l'ennemi, il faut avouer qu'il courait de graves risques.

Il est bon de comparer les forces des deux pays et de se rendre compte du nombre de combattants que MM. Kruger et Steyn pouvaient appeler sous les drapeaux. Les journaux en général estimèrent que les forces des deux républiques se montaient à un chiffre qui variait de vingt-cinq à trente-cinq mille hommes. M. J.-B. Robinson, ami du président Kruger, et qui avait passé une grande partie de sa vie parmi les Boers, était d'avis que ce dernier chiffre était excessif. Mais le fait est qu'il n'existait pas de données sûres, et qu'il est fort difficile de se rendre compte du nombre d'individus quand la population, comme c'était le cas dans les deux républiques, est très clairsemée et comprend d'ordinaire de nombreuses familles. Certains calculs se fondaient sur l'accroissement naturel que l'on supposait avoir eu lieu dans le courant de dix-huit années, mais les chiffres donnés à cette époque étaient eux-mêmes de simples suppositions. D'autres se fondaient sur le nombre de votants à la dernière élection présidentielle, mais personne ne savait le nombre de ceux qui s'étaient abstenus de voter, et d'ailleurs les Boers étaient tenus de servir sous les drapeaux cinq ans avant d'avoir atteint l'âge auquel ils acquéraient le droit de suffrage. Tout le monde reconnaît maintenant que tous ces calculs différents étaient bien loin de la vérité, mais il est probable que les chiffres du service des renseignements de l'Angleterre *(British Intelligence Department)* étaient à peu près justes. Mieux que tout autre service de l'armée anglaise ce bureau a soutenu la dure épreuve par laquelle il nous a fallu passer; et son rapport, rédigé avant la guerre, est si exact, et quant aux faits et quant aux probabilités, qu'il a tout le caractère d'une prophétie.

D'après ce rapport, le seul Transvaal pouvait mettre sur pied trente-deux mille hommes, et l'Etat Libre d'Orange vingt-deux mille. Les mercenaires et les colons rebelles porteraient ce chiffre à soixante mille hommes, et un soulèvement sérieux des Hollandais au Cap le ferait s'élever à cent mille hommes. A l'heure qu'il est nous détenons quarante-deux mille prisonniers (hommes) (1), et nous savons que l'ennemi a perdu au moins dix mille hommes tués; ainsi, admettant qu'il y ait encore dix mille bourgeois en campagne, les forces boers, se seraient montées à soixante-deux mille hommes, sans compter un grand nombre de rebelles du Cap. Inutile d'insister sur l'excellence de ces troupes; elles se composaient d'hommes braves, robustes, et brûlant d'un étrange enthousiasme religieux. Sauf leurs fusils, ils étaient du dix-septième siècle. Montés sur leurs vigoureux petits chevaux, ils jouissaient d'une mobilité qui de fait doublait leur nombre et rendait inutile tout effort de les tourner. Comme tireurs, ils étaient suprêmes. Ajouter encore qu'ils avaient le grand avantage de manœuvrer sur des lignes de communications intérieures, à la fois plus courtes et plus sûres, et l'on pourra se rendre compte

(1) Dans ce chiffre sont compris les hommes majeurs internés dans les camps de refuge. Les prisonniers de guerre, proprement dits, se montaient, le 14 février 1902, à 29,000 hommes.

de la tâche formidable qu'avaient à accomplir les troupes de l'Empire. Et lorsqu'on envisage d'autre part les douze mille hommes répartis en deux divisions, qui attendaient les Boers de pied ferme dans le Natal, il est clair que loin de regretter les désastres dont nous avons souffert, nous devrions plutôt nous féliciter de n'avoir point perdu cette grande province qui, située entre la Grande-Bretagne, l'Inde et l'Australie, est la clef de voûte de l'Empire.

Mais pour peu que l'on tienne compte de ces chiffres, je ne saurais m'empêcher de demander encore une fois s'il est possible de soutenir que la Grande-Bretagne cherchait de propos délibéré à renverser de force l'indépendance des deux républiques ?

Il se produisit une accalmie dans le débat politique après la réception de la dépêche du gouvernement du Transvaal du 16 septembre, qui repoussait les propositions anglaises faites le 8 du même mois. En Afrique, cependant, les Anglais avaient perdu tout espoir de voir se faire la paix, et les Boers ne la craignaient plus. Les Raads avaient été dissous, et le vieux président avait prononcé son dernier discours, affirmant que la guerre était assurée, et invoquant fièrement l'arbitre du Seigneur. La Grande-Bretagne était prête elle aussi, moins bruyamment, mais non moins résolument, à s'en remettre à ce même juge redoutable.

Le 2 octobre M. le président Steyn fit savoir à Sir Alfred Milner qu'il avait jugé utile d'appeler les bourgeois de l'Etat Libre sous les armes, c'est-à-dire de mobiliser ses troupes. Sir Alfred Milner répondit par écrit qu'il regrettait ces préparatifs, et déclara qu'il n'avait point encore perdu tout espoir de voir la paix faite, car il était convaincu que toute proposition raisonnable serait reçue de la façon la plus favorable par le gouvernement de Sa Majesté. Steyn répliqua qu'il était absolument inutile de négocier à moins d'arrêter préalablement les flots de renforts anglais qui arrivaient en Afrique. L'échange de lettres ne produisit donc aucun résultat, car nos forces étaient encore tellement inférieures en nombre à celle des bourgeois qu'il était impossible de ne point continuer à les renforcer. Le 7 octobre les réserves du premier corps d'armée en Angleterre furent appelées sous les drapeaux, et d'autres indices prouvèrent l'intention de l'administration de dépêcher un grand nombre de troupes en Afrique. Le parlement fut aussi convoqué, pour que la nation pût approuver les graves mesures qu'il allait falloir prendre.

On a affirmé que ce fut la mobilisation des réserves anglaises qui amena l'ultimatum boer et qui précipita la guerre. C'est là une supposition absurde, qui ne tient pas compte des faits. Les commandos du Transvaal avaient été mobilisés le 27 septembre, et ceux de l'Etat Libre d'Orange le 2 octobre. Les lignes de chemin de fer avaient été saisies, et l'exode de Johannesburg avait commencé; voire même un acte de guerre avait été commis, par l'arrestation d'un train et la confiscation de l'or qu'il transportait. Les Anglais n'agirent qu'après tous ces événements, et conséquemment leurs actes n'en furent point la cause. Mais il n'y a pas de gouvernement qui, en vue de ce qui se passait, ne se fût empressé de prendre les mesures militaires que réclamait impérieusement l'état des choses. Et de fait, l'ultimatum boer était déjà rédigé au moment où les réserves furent mobilisées, et ne fut expédié que plus tard pour la simple raison que les derniers préparatifs n'étaient pas complètement terminés.

Ce fut le 9 octobre que l'administration quelque peu solennelle du ministère des colonies fut surprise par l'arrivée d'un ultimatum inattendu et outrecuidant, émanant du gouvernement boer. Il faut avouer que jusqu'ici nos naïfs et agrestes voisins dans l'Afrique du Sud ont eu le dessus, d'ordinaire, soit la plume, soit l'épée à la main, et ce fut le cas dans l'affaire de l'ultimatum. Il était rédigé d'une manière à la fois très claire et très ferme, mais il était conçu de telle façon qu'il était parfaitement clair que le but du gouvernement boer était de forcer la guerre sans perte de temps. Il demandait le rappel immédiat des troupes postées sur les frontières de la république; le départ de tous les renforts arrivés en Afrique dans le courant de l'année, et le renvoi de ceux qui étaient en route sans débarquement préalable. Si une réponse satisfaisante n'était point reçue dans un délai de quarante-huit heures, « le gouvernement du Transvaal « se verra, à son grand regret, forcé d'envisager l'action du gou- « vernement de Sa Majesté comme une déclaration de guerre for- « melle, et repousse toute responsabilité quant aux conséquences « qu'elle pourrait avoir. »

Cet outrecuidant message excita dans toute l'étendue de l'Empire la colère et le rire.

Le lendemain la réponse du gouvernement anglais était transmise par Sir Alfred Milner :

« *Le 10 octobre.* — Le gouvernement de Sa Majesté a reçu

« avec le plus profond regret les demandes péremptoires du gou-
« vernement de la République de l'Afrique du Sud, énumérées
« dans votre télégramme du 9 octobre. Vous répondrez au gouver-
« nement de la République de l'Afrique du Sud que les condi-
« tions posées par lui sont de telle nature que le gouvernement de
« Sa Majesté se trouve dans l'impossibilité de les discuter. »

CHAPITRE IV

EXAMEN DE CERTAINS POINTS

Voilà donc quel avait été, en somme, le caractère des négociations, et quels furent les événements qui amenèrent la guerre. Je vais maintenant examiner le plus brièvement possible les critiques que l'on a adressées au gouvernement anglais. On a soutenu diverses thèses défavorables, et l'on a proposé diverses lignes de conduite; je discuterai chacune d'elles séparément.

1°. — *Que Chamberlain était intéressé en personne à l'invasion, et que, pour se venger de l'échec subi, ou peut-être parce qu'il était au pouvoir de Rhodes, il força la guerre.* — J'ai déjà examiné la thèse que Chamberlain était dans le secret de l'invasion, et j'ai prouvé que cette thèse ne saurait se maintenir. Il est fort probable qu'il lui vint à l'esprit qu'une insurrection résulterait du désespoir auquel on avait poussé les Uitlanders, car il était tenu de savoir ce qui se passait, de se renseigner le plus possible, et il n'y avait pas vraiment de raison pour que, dans l'intimité, il n'éprouvât pas, comme tout autre Anglais, une vive sympathie pour ses compatriotes si maltraités. Mais qu'il ait songé à faire envahir le Transvaal par une poignée de gendarmes est une pure absurdité, car, de fait, il prit à l'instant les plus fortes mesures pour empêcher l'invasion; il fit tout son possible pour en empêcher la réussite, et supposé qu'il eût été au pouvoir de Rhodes, comment aurait-il osé s'opposer si victorieusement au projet favori de ce monsieur ? Les faits mêmes, les télégrammes mêmes sur lesquels se fondent les critiques pour prouver que Chamberlain était le complice de Rhodes, prouvent au contraire, et de la façon la plus claire, sa parfaite innocence. Par exemple, quand Rhodes ou Harris, au nom de Rhodes, télégraphie :

« Faites savoir à Chamberlain que je réussirai s'il me soutient, « mais il ne faut pas qu'il envoie des dépêches comme celles qu'il « a envoyées au haut commissaire. » Et encore : — « A moins « que vous n'ameniez Chamberlain à enjoindre au haut commis-« saire de se rendre à l'instant à Johannesburg, tout est perdu, » n'est-il point parfaitement clair qu'il n'y avait aucune entente et que les conspirateurs cherchaient à forcer la main du ministre des colonies? Il y a plus; les critiques ont beaucoup parlé du fait que, peu avant l'invasion, M. Chamberlain, en sa qualité de ministre, vendit à la « Chartered » le terrain d'où partit l'invasion, et qu'il fit un marché très dur, le vendant 1,000,000 de francs. Assurément il est impossible de pervertir un argument d'une pire façon, car si M. Chamberlain eût été dans le secret de ces messieurs et qu'il eût favorisé leurs plans, il va sans dire qu'il leur eût vendu le terrain bon marché et non pas cher.

L'affirmation que M. Chamberlain n'était que l'instrument de Rhodes, qui lui fit déclarer la guerre, repose donc sur l'idée que M. Chamberlain pouvait imposer sa propre volonté aux membres d'un cabinet qui contenait Lord Salisbury, Lord Lansdowne, M. Arthur Balfour, Sir Michael Hicks-Beach, et d'autres ministres encore, supposition si absurde qu'elle ne vaut pas la peine qu'on la discute.

2°. — *Que c'est une guerre faite par les capitalistes, et dirigée par des directeurs et des juifs.* — C'était bien ce que croyait une très grande partie du public anglais après l'invasion Jameson; croyance qui entrava beaucoup le gouvernement et l'empêcha de prendre les mesures qui eussent empêché l'accumulation de ces immenses armements qui ne pouvaient être dirigés que contre nous. Il a fallu des années pour rétablir les faits, mais combien cette idée a été absolument chassée de l'esprit de notre public, se voit à la rare patience dont la nation a fait preuve et à la manière dont elle a soutenu cette lutte si longue et si fatigante, dans le cours de laquelle il n'est guère de famille qui n'ait perdu parents ou amis. La complaisance du public anglais envers les capitalistes se borne à leur accorder leurs justes droits légaux, et assurément ne va pas jusqu'à verser son or et son sang à leur profit. Il serait absurde de supposer autre chose, et il n'y a pas de raison que l'on ait encore alléguée qui puisse faire comprendre comment un corps d'Anglais, hommes d'honneur et fort éclairés, tels que ceux qui composent le gouvernement, se soient décidés à sacrifier leur pays en faveur d'une réunion de financiers cosmopolites, dont la plupart sont des juifs allemands.

L'impôt, dont sera frappée l'industrie minière du Transvaal pour aider à payer les frais de la guerre, prouvera de soi que les capitalistes ne sont guère écoutés dans les conseils de la nation. Nous savons actuellement que les plus grands capitalistes de Johannesburg furent les premiers à s'opposer le plus énergiquement à toute agitation capable d'entraîner la guerre; rien de plus naturel quand on réfléchit que, si la guerre éclatait, les capitalistes couraient le risque de perdre leurs placements en entier. L'agitation en faveur du droit de suffrage et autres droits politiques fut une agitation sincère et libre à laquelle prirent part les hommes pauvres, les employés et les mineurs qui comptaient passer leur vie dans le pays et non pas retourner vivre dans le West-End à Londres.

Les capitalistes ne prirent part à l'agitation qu'en désespoir de cause, et ils furent absolument les derniers à le faire; et quand je dis les capitalistes, j'entends les capitalistes qui étaient sympathiques envers l'Angleterre; car on pourrait en effet alléguer de nombreuses raisons prouvant que la guerre était une guerre de capitalistes par le simple fait qu'elle fut amenée en grande partie par l'attitude et les conseils de la compagnie hollandaise de l'Afrique du Sud, par le monopole de la dynamite, et autres sangsues qui suçaient le pays. L'établissement d'un gouvernement libre et honnête marquait la ruine de ces monopoles, aussi ces sociétés firent tous leurs efforts pour entraver la réforme. Elles payèrent même de faux agitateurs anglais, et leur attitude contribua incontestablement à raidir les Boers et à les empêcher de faire aucune concession.

3°. — *Que la Grande-Bretagne convoitait les mines d'or.* — C'est l'accusation la plus répandue sur le continent et à laquelle on ajoute foi le plus facilement dans ces heureux pays; et pourtant il n'y en a pas de plus ridicule lorsqu'on l'examine. Les mines d'or appartiennent à des sociétés particulières, dont les actions sont entre les mains d'actionnaires allemands et français tout autant que d'actionnaires anglais. Le drapeau anglais remplacerait le drapeau boer, que pas un seul actionnaire ne perdrait une seule action, et que les richesses de l'Angleterre ne s'accroîtraient pas d'un sou; au contraire, l'Angleterre sera appauvrie, en partie du moins, par l'énorme dépense de la guerre, et il n'est guère probable que plus d'un tiers de ce débours puisse être réclamé aux mines d'or de la Rand. Or, en dehors de cette contribution, comment l'Angleterre peut-elle être enrichie par le simple fait que son drapeau flotte sur le Transvaal? Le Transvaal deviendra une colonie autonome comme toutes les autres colonies anglaises : elle aura son propre ministre des finances, son propre budget, ses propres impôts et même elle pourra taxer les denrées anglaises, si bon lui semble. Elle payera un traitement de 250,000 francs à un gouverneur anglais qui de son côté aura à dépenser 275,000 francs. Nous savons cela, nous autres, parce que c'est une partie de notre système anglais, mais les nations ne le savent pas qui considèrent que les colonies doivent être des sources de revenu direct pour la mère-patrie. Et pourtant voilà la critique que l'on nous adresse le plus souvent et qui est en même temps la critique la moins soutenable de toutes celles que le continent a faites sur la guerre. La seconde guerre du Transvaal est la conséquence logique de la première, et la première eut lieu avant la découverte des mines d'or.

4° — *Que c'était une monarchie contre une république* — Argument qui devait peser sans doute pour les nationaux de vraies républiques, telles que la France, la Suisse, les Etats-Unis, où les gens qui ignorent les faits se laissent aveugler par des mots; mais la vérité, c'est que la Grande-Bretagne et les colonies anglaises sont les communautés les plus démocratiques qui soient au monde. Elles ont conservé un chef héréditaire, en partie question de sentiment, en partie utilité politique; mais c'est la volonté du peuple qui décide toujours de toutes les questions, et tout citoyen, par son vote, aide à diriger les destinées de l'Etat. Le suffrage est de fait presque universel, et les plus hautes fonctions sont à la portée de tout citoyen capable d'y atteindre.

D'autre part, le Transvaal est une oligarchie, et non pas une démocratie, car la moitié des habitants prétend être en tout supérieure à l'autre moitié. Il a renouvelé, à la fin du dix-neuvième siècle, les idées de l'ancien régime. Le régime du Transvaal représentait la domination d'une race par l'autre. Au point de vue technique, le Transvaal était une république, et l'Angleterre est une monarchie; mais de fait, c'est l'empire anglais qui représente la liberté, tandis que la République du Transvaal représente la tyrannie, l'injuste domination d'une race, la corruption, l'imposition des contribuables auxquels on refuse la représentation, en un mot tout ce qui s'oppose à la large conception de ce qu'est la liberté.

5°. — *Que c'était une nation forte s'attaquant à une nation faible.* — Cette façon d'en appeler aux sentiments de la race humaine produira toujours de l'effet, mais cette fois l'appel était grevé d'erreurs. Ce fut la nation, qui, au bout du compte, s'est trouvée être la plus faible, qui prépara la guerre, qui lança l'ultimatum, qui envahit le territoire étranger, qui versa le premier sang; et la raison qui porta cette nation plus petite à attaquer avec tant d'audace, c'est qu'elle savait parfaitement bien qu'en ce moment-là, elle était de beaucoup la plus forte dans l'Afrique du Sud et que tous les renseignements recueillis la portaient à croire qu'elle le serait même lorsque l'Angleterre aurait déployé toute sa puissance. Et vraiment il semble que les Boers étaient fondés à le croire, puisque les principaux critiques militaires du continent avaient déclaré que la Grande-Bretagne ne pouvait d'aucune façon mettre plus de 100,000 hommes en campagne; or, les Boers savaient que contre ce nombre de soldats anglais, et sans qu'aucun de leurs confrères de la Colonie du Cap se soulevât, ils étaient eux-mêmes capables de mettre en ligne de bataille de 50 à 60,000 hommes, et leurs fastes militaires les avaient malheureusement induits à croire qu'un tel nombre de Boers, faisant la guerre à leur façon, avec leurs propres chevaux, dans leur propre pays et dans un pays qui leur était connu, étaient de beaucoup supérieurs aux 100,000 soldats anglais. Ils savaient de plus qu'ils possédaient une excellente artillerie, et que leurs préparatifs étaient absolument complets. Il serait facile de citer nombre d'extraits qui témoigneraient de leur foi au succès, à commencer par la lettre de Blignant, qui exprimait la crainte que M. Chamberlain ne leur enlevât la chance de faire la guerre, jusqu'à la déclaration d'Esselen qu'ils ne se laveraient pas avant d'arriver à la mer. Ce que les Boers n'avaient pas prévu, ce qui dérangea leurs projets, ce fut le flot d'indignation qui souleva toute l'Angleterre et qui augmenta par trois fois, qui aurait augmenté par dix fois, s'il en eût été besoin, les forces de l'armée, et lui permit ainsi d'écraser la résistance des Boers.

Quand la guerre est déclarée, et longtemps après encore, ce sont les Boers qui sont les plus forts et les Anglais qui sont les plus faibles, et toute sympathie pour ceux-là, fondée sur leur faiblesse imaginaire, est en pure perte. A partir de ce moment-là, la guerre dut aller son train et les Anglais furent obligés d'aller jusqu'au bout.

6°. — *Que les Anglais ont refusé l'arbitration.* — On nous a répété cela à satiété, mais ce reproche ne peut soutenir l'examen. Il y a certains sujets que l'on peut résoudre par l'arbitration, et que la Grande-Bretagne consentait volontiers à traiter de cette façon, devant un tribunal représentant la Grande-Bretagne et l'Afrique du Sud. Ce tribunal ne devait pas être composé seulement de personnes qui s'étaient déclarées pour l'une ou pour l'autre, car il y avait plusieurs hommes dont la modération et le bon sens étaient reconnus des deux partis, par exemple M. Rose Innes, parmi les Anglais, et M. de Villiers parmi ceux dont les sympathies étaient en faveur des Africanders.

Le gouvernement du Transvaal tomba d'accord avec le gouvernement anglais qu'un tribunal ainsi constitué était compétent, mais la rupture se produisit par le fait que la Grande-Bretagne décida d'exclure certains sujets. La raison qui porta la Grande-Bretagne à refuser d'admettre les représentants des puissances étrangères au tribunal d'arbitration était que les admettre c'était abandonner la cause avant même de comparaître devant la Cour, car le Transvaal prétendait être un état international souverain, ce que niait l'Angleterre; si le Transvaal avait le droit d'en appeler à l'arbitration sur un pied d'égalité, il devenait par le fait même état souverain international; la Grande-Bretagne devait donc refuser. Mais pourquoi ne pas renvoyer tous les sujets de dispute à un tribunal sud-africain, tel que celui qui avait été accepté par l'un et l'autre parti? Simplement parce qu'il serait monstrueusement hypocrite d'évoquer des causes devant un tribunal d'arbitration quand on sait d'avance qu'elles sont de telle nature qu'il est impossible que le tribunal puisse les résoudre. C'est bien ce que disait Sir Alfred Milner : « Il va sans dire qu'il est absurde de suggérer qu'il s'agit de « savoir si la République de l'Afrique du Sud traite ou ne traite « pas avec justice les nationaux anglais établis dans ce pays, et « le gouvernement anglais avec la considération et le respect « que l'on doit à tout pouvoir ami et suzerain; ce n'est pas là « une question capable d'être soumise à l'arbitration. On ne sau- « rait traiter ainsi les grandes questions politiques non plus « que les questions qui touchent à l'honneur national. »

Remarquons que sur cette question des bornes de l'arbitration, les chefs du Transvaal paraissent avoir été aussi unanimes que les Anglais, et il est donc injuste de rejeter tout le blâme sur ceux-ci. M. Reitz, dans le projet d'arbitration qu'il formula le 9 juin, dit expressément « que chaque parti aura le droit de « réserver et d'exclure tel point qui lui paraît être trop important pour être soumis à l'arbitration ». Le gouvernement anglais accepta cette proposition et alla plus loin; il accorda qu'un citoyen de l'État Libre d'Orange ne serait pas considéré étranger. Tel était l'état des choses quand le Transvaal lança son ultimatum. Jusqu'au moment où le premier coup de canon fut tiré, le gouvernement anglais continua à offrir la seule forme d'arbitration possible qui n'entraînât pas l'abandon de sa propre cause. Ce fut le Transvaal qui, après avoir consenti au tribunal, se reporta soudain à l'arbitration des Mausers et des Creusots.

7°. — *Que l'on voulait la revanche de Majuba.* — Il est incontestable que la façon dont nous fûmes battus dans cette escarmouche, nous légua des sentiments très aigris, que par la suite l'attitude des Boers et leur outrecuidance — de laquelle M. Bryce et d'autres observateurs amis ont témoigné — n'étaient pas faites pour adoucir. Les Boers étaient convaincus que ce que nous fîmes après Majuba nous le fîmes non pas pour réparer un tort d'une façon magnanime, mais parce que nous avions horriblement peur. Dès le début de la guerre, les troupes étaient pleines du désir de venger Majuba, désir qui fut satisfait pleinement lorsque le jour même de l'anniversaire, Cronje et ses 4,000 braves furent forcés de mettre bas les armes. Mais que le désir de venger Majuba eût la moindre influence sur la politique du pays ne saurait être maintenu en présence du fait que dix-huit ans s'étaient écoulés, que pendant ce temps-là les Boers avaient maintes fois violé les conventions et étendu leurs frontières, et que par trois fois les choses en étaient venues à un tel point que la guerre semblait être inévitable et que pourtant l'on avait réussi à maintenir la paix. Il eût été facile de forcer les Boers à la guerre pendant les années qui s'écoulèrent avant qu'ils ne transformassent leur pays en arsenal, car en ce temps-là il leur eût été absolument impossible de soutenir une longue campagne. On les laissa en repos, au contraire, et le gouvernement anglais se montra patient jusqu'à l'heure où il reçut l'insultant ultimatum, preuve que Majuba nous avait sans doute laissé un mauvais souvenir, mais certainement que ce souvenir n'a aucunement influé sur notre politique.

8°. — *Quelle preuve y a-t-il que les Boers cherchaient véritablement à attaquer les Anglais?* — On ne saurait appeler conspiration contre les Anglais les grands projets boers, car la presse les soutenait ouvertement, la chaire les prêchait publiquement, et les orateurs répétaient sans cesse qu'il fallait que les Hollandais dominassent l'Afrique du Sud et que la partie du territoire qui était encore en ce moment sous le drapeau anglais fût absorbée par l'autre. Cette ambition était si générale et si profondément enracinée qu'il était parfaitement clair que la Grande-Bretagne aurait tôt ou tard à céder ou à revendiquer ses droits les armes à la main. Elle était prête à accorder aux citoyens hollandais à l'intérieur de ses frontières, le suffrage, le droit de faire leurs propres lois et la plus parfaite liberté religieuse et politique; en un mot tout ce dont jouissaient leurs concitoyens anglais, et cela sans distinction aucune, mais quand on lui proposait d'amener son pavillon, il était assurément temps de faire face à l'ennemi.

Je ne saurais mieux rendre la façon, dont ceci arriva qu'en citant ce que raconte Paul Botha, qui, ainsi que je l'ai fait remarquer, avait été lui-même un *voortrekker* comme Kruger, et un Boer des Boers, sauf qu'il paraît être un homme dont les vues sont plus larges et plus libérales que celles de ses compatriotes. Il représentait Kroonstadt dans le Raad de l'Etat Libre d'Orange.

« Je suis convaincu, dit-il, que l'influence de Kruger a com-
« plètement changé le caractère de l'Africander Bond; organi-
« sation fondée, si je ne me trompe, par Hofmeyr dans la Colonie
« du Cap, dans le but légitime d'obtenir certains privilèges poli-
« tiques, mais qui, sous la direction des séides de Kruger, —
« Sauer, Merriman, Te Water et autres — souleva beaucoup de
« mécontentement dans la Colonie du Cap. Le succès de la poli-
« tique anti-anglaise de Kruger lui suscita un certain nombre
« d'imitateurs: Steyn, Fischer, Esslen, Smuts et nombre d'autres
« jeunes nationaux du Transvaal, de l'État Libre d'Orange et de
« la Colonie du Cap, qui, égarés par sa réussite, avaient l'ambi-
« tion de s'élever au même comble de gloire en faisant usage
« des mêmes moyens. Le krugérisme dirigé par eux se tourna en
« règne de terreur. Si l'on était anti-Kruger, on était accusé
« d'être *Engelschgezind*, de trahir la patrie, d'être indigne d'être

« écouté. J'ai moi-même souffert amèrement d'insultes de ce « genre, surtout sous le régime Steyn. Plus on était l'ennemi de « l'Angleterre, plus on était grand patriote. Cette bande, qui « s'était répandue sur toute l'Afrique du Sud, le Transvaal, « l'Etat Libre d'Orange et la Colonie du Cap, faisait usage de la « Bond, de la presse, de la chaire pour pousser ses projets. Reitz « que je crois avoir été inspiré d'un honnête enthousiasme, se « posa en second parrain de la Bond, et proclama la croyance « de la bande : l'Afrique pour les Africanders ! Balayons les « Anglais dans la mer ! Pourvus d'un cri de ralliement si « attrayant, il n'est pas surprenant qu'ils réussirent à enflammer « bien vite l'imagination des ignorants Boers et à agir sur leur « vanité et leurs préjugés. Le *Bloemfontein Express*, feuille per- « nicieuse, rédigée par Carl Borckenhagen, contribua énormé- « ment à propager la doctrine dans l'État Libre d'Orange. Per- « sonnellement je suis convaincu que l'*Express* recevait une sub- « vention de Kruger. J'ai pénétré sans peine la provenance de « l'ardent patriotisme de Borckenhagen, Allemand pur sang. « Dans le Transvaal, la propagande fut entreprise par le *Volks-* « *stem*, rédigé par un Hollandais, et subventionné par Kruger ; « par la *Rand Post*, rédigée elle aussi par un Hollandais et « subventionnée par Kruger ; et dans la Colonie du Cap, par le « *Patriot*, fondé par des intrigants et des rebelles, au Paarl, « véritable foyer de faux africandérisme. Il se peut que la rédac- « tion de *Ons Land* ait cherché à être juste, mais elle nous a « fait infiniment de mal en répandant des idées irréalisables. Je « regrette infiniment que mes pauvres concitoyens soient obligés « d'avaler ce poison tout pur parce qu'ils manquent d'éducation. « Est-il croyable que Steyn, Fischer et les autres hommes ins- « truits de l'Etat Libre ne comprenaient pas que si l'on suivait « la politique hostile de Kruger, qui cherchait à éconduire la « plus grande puissance de l'Afrique du Sud, on forcerait cette « puissance soit à se défendre, soit à disparaître avec ignominie. « Car je maintiens que l'Angleterre était obligée de choisir entre « deux lignes de conduite, en raison de la politique provocante « de Kruger : c'est-à-dire, se battre ou abandonner l'Afrique du « Sud. Ce n'était que des individus, tels que nos chefs, emportés « par la vanité, aveuglés par l'orgueil, qui ne pouvaient se rendre « compte des résultats inévitables. »

Voilà ce que dit franchement un Boer à propos des influences qui travaillaient le pays. C'est un résumé très net de la situation, mais la situation elle-même était parfaitement claire et dominait la politique du Cap. Les ambitions des Africanders étaient discutées au grand jour dans les articles de fond des journaux, dans les sermons, dans les discours politiques; mais la façon dont on devait satisfaire ces ambitions, on ne la proclamait pas, on se la chuchotait à l'oreille sur les *stoeps*.

Voici maintenant quelles étaient les opinions de Reitz, qui plus que tout autre, sauf son maître, est celui qui a le plus trempé la main dans le sang de ceux qui sont tombés. Je les tire des « *Souvenirs* » de M. Théophile Schreiner, frère de l'ancien ministre de la Colonie du Cap.

« Je fis la rencontre de M. Reitz, à cette époque juge de « l'État Libre d'Orange, à Bloemfontein, il y a dix-sept ou dix-« huit ans, peu après la rétrocession du Transvaal, et au moment « où il était fort occupé à fonder l'Africander Bond. Assurément « tout le monde doit reconnaître qu'à cette époque, en tout cas, « ni l'Angleterre ni le gouvernement anglais ne songeaient à « détruire l'indépendance du Transvaal, puisqu'ils venaient jus-« tement de lui accorder cette indépendance avec magnanimité; « qu'ils n'avaient nulle intention de faire la guerre aux répu-« bliques, puisqu'ils venaient précisément de faire la paix; qu'ils « n'avaient nulle intention de s'emparer des mines d'or de la Rand, « puisque ces mines d'or n'étaient pas même découvertes. Donc, « je rencontrai M. Reitz, et il fit de son mieux pour m'amener « à devenir membre de sa société africaine. Mais après en avoir « étudié la constitution et le programme, je refusai; sur quoi « le colloque suivant eut lieu entre nous, colloque qui est resté « gravé dans ma mémoire depuis lors :

« *Reitz*. — Pourquoi refusez-vous donc? Le but que nous « nous proposons, qui est de nous intéresser aux affaires de la « politique, n'est-il pas louable?

« *Moi*. — Il l'est sans doute, mais il est clair pour moi que « vous visez un autre but plus vaste encore.

« *Reitz*. — Quel est ce but?

« *Moi*. — Je vois clairement que votre projet définitif, c'est « de renverser la puissance britannique et de chasser le drapeau « anglais de l'Afrique du Sud.

« *Reitz (souriant d'une façon agréable en homme dont on a*

« *pénétré le secret, et qui n'en est pas très fâché).* — Eh bien,
« si cela était?

« *Moi.* — Vous ne vous imaginez assurément pas que vous
« allez supprimer le drapeau anglais dans l'Afrique du Sud sans
« une lutte terrible et sans combattre?

« *Reitz (souriant toujours de la même façon, très satisfait et
« pourtant comme s'il voulait s'excuser).* — Non, je ne le pense
« pas, mais alors?

« *Moi.* — Simplement que lorsque cette lutte aura lieu, nous
« ne serons pas du même côté, vous et moi; et de plus, Dieu qui
« a été du côté du Transvaal dans la dernière guerre, parce que
« le Transvaal était dans son droit, se trouvera être du côté de
« l'Angleterre, car il ne saurait voir sans horreur des complots
« et des conjurations qui ont pour but de détruire la puissance
« et la position de ce pays dans l'Afrique du Sud, que lui-même
« a ordonnées.

« *Reitz.* — C'est ce que nous verrons.

« Et là-dessus, la conversation prit fin. Mais pendant les dix-
« sept années qui se sont écoulées depuis lors, j'ai suivi la pro-
« pagande destinée à amener la suppression de la puissance bri-
« tannique dans l'Afrique du Sud, poussée sans cesse par tous
« les moyens possibles, par la presse, la chaire, les orateurs po-
« litiques, dans les écoles, dans les universités, dans la législa-
« ture, jusqu'à ce qu'enfin on en soit arrivé à la guerre amenée
« par M. Reitz et ses collègues. Vous pouvez m'en croire, le jour
« où F.-N. Reitz s'assit à son pupitre pour rédiger l'ultimatum
« envoyé à la Grande-Bretagne fut le plus beau jour, le plus
« heureux de sa vie : celui qu'il attendait depuis de longues an-
« nées avec la plus vive espérance et le plus grand désir. »

Comparons maintenant ces paroles d'un homme politique hollandais du Cap et d'un homme politique hollandais de l'État Libre d'Orange, avec l'extrait suivant d'un discours prononcé par M. Kruger à Bloemfontein en 1887, c'est-à-dire longtemps avant l'invasion Jameson et l'agitation en faveur du suffrage.

« Je crois qu'il est trop tôt de parler d'une Afrique du Sud
« réunie sous le même drapeau, car quel serait ce drapeau? La
« reine d'Angleterre ne voudrait pas amener le sien, et nous
« autres bourgeois du Transvaal, nous nous opposerions à la dis-
« parition du nôtre. Que faire donc? Nous sommes peu nom-
« breux et de peu d'importance, mais nous grandissons, mais

« nous nous préparons à prendre place parmi les grandes nations « du monde. »

« Notre rêve, dit un autre, c'est de fédérer les états de « l'Afrique du Sud; cela devra venir du dedans, non pas du « dehors, et quand ce sera accompli, l'Afrique du Sud sera un « grand pays. »

C'est toujours la même idée que l'on retrouve dans tous les détours de la pensée hollandaise, accompagnée de nombreuses preuves que l'on se préparait à exécuter le projet. Je répète que tout historien dénué de préjugés et impartial ne saurait affirmer que ce mouvement est une pure imagination.

A quoi l'on peut répliquer : Pourquoi ces gens ne l'eussent-ils pas fait? N'avaient-ils pas le droit d'envisager l'avenir de l'Afrique du Sud comme bon leur semblait? N'avaient-ils pas le droit de chercher à se réunir sous un drapeau unique, et à ne parler qu'une seule et même langue? N'avaient-ils pas le droit de gagner nos colons à leur cause s'ils en étaient capables et de nous refouler dans la mer? Pour nous, nous ne voyons pas pourquoi ils ne l'auraient point fait. Ils n'avaient qu'à l'essayer et nous, nous n'avions qu'à nous efforcer de les en empêcher. Très bien, mais alors trève de bavardages au sujet de l'agression britannique, des noirs projets des capitalistes contre les dépôts d'or, des griefs d'un peuple de pasteurs, et de tous les moyens dont on s'est servi pour aveugler le monde. Que ceux qui parlent tant des intentions néfastes de la Grande-Bretagne contre les Républiques, examinent donc les preuves des projets formés par les Républiques contre les colonies anglaises; qu'ils se rappellent que sous le gouvernement anglais tous les blancs jouissent des mêmes droits, tandis que sous l'administration boer l'une des nationalités n'a jamais cessé de persécuter l'autre. Qu'ils se demandent sous laquelle de ces administrations on jouit d'une véritable liberté, laquelle représente la liberté universelle, et laquelle incarne en soi la réaction et la haine des races. Qu'ils réfléchissent bien et qu'ils trouvent réponse à cette question avant d'accorder leur sympathie à l'un ou à l'autre parti.

Bien longtemps avant la guerre, lorsque le public anglais et le gouvernement croyaient sincèrement que l'on arriverait à une solution pacifique, chaque bourgeois avait déjà reçu une carabine, des cartouches, et des ordres pour le rôle qu'il devait jouer dans la guerre sur laquelle les républiques comptaient sans faute. Une vaste conspiration que l'on discutait bien de vive voix, mais qu'il ne fallait à aucun prix mettre par écrit, paraît avoir réuni tous les fermiers. J'en ai obtenu une preuve curieuse après une escarmouche à laquelle j'assistais; je pénétrai dans une ferme boer abandonnée, qui avait formé partie de la position de l'ennemi, et voulant emporter avec moi un petit souvenir de nulle valeur, je pris quelques papiers qui semblaient être des exemples pour les enfants. C'était bien cela en effet, mais il s'y trouvait une ou deux lettres, et j'en reproduis une qui est très franche et très naïve; elle est datée d'environ *trois mois et demi avant la déclaration de guerre,* au moment où les Anglais cherchaient de toute façon à obtenir une solution pacifique et croyaient en être sûrs. Voici la lettre :

« *Paradys, ce 25 juin 1899.*

« Mon cher Henri,

« Je prends la plume pour vous écrire quelques lignes. Nous « sommes tous en bonne santé et nous espérons que vous êtes de « même. Je reçois la lettre du 18, et je suis très reconnaissant « d'apprendre que vous êtes tous bien... Ici aux alentours les « champs sont très desséchés, et les réservoirs aussi sont desséchés « tout près de chez nous. *Mon cher Henri, la guerre est bien « proche de nous; qu'en est-il chez vous? Nous n'avons guère de « nouvelles à écrire, mais nous en avons beaucoup à dire de vive « voix.*

« Il me faut donc maintenant terminer ma lettre, car je pré- « vois qu'elle vous fatiguera à lire; bien des amitiés à vous et à « votre famille, et je reste votre ami fidèle.

« PIETER WIESE. »

Voilà, me semble-t-il, une preuve de cette grande conspiration, non pas d'ambition, car il n'y avait pas de raison pour ne point discuter cette ambition hautement, mais d'armements, et du moment où on allait les utiliser; conspiration que l'on menait sans cesse derrière ce nuage de négociations tortueuses dont se servait les gouvernements boers pour cacher leur ferme résolution de fondre sur les Anglais. Ce n'est que peu, sans doute, mais le résultat a prouvé combien était rapide et dangereux le courant que cela indiquait.

Voici maintenant une lettre d'un des Snymans, écrite à son frère un peu plus tard, mais encore un mois avant la déclaration de guerre. Il parle de Kruger.

« Le vieux bonhomme était presque fou de colère, et disait que « les bourgeois cherchaient à lui lier les mains; ainsi, mon frère, « il ne reste que la guerre et pas autre chose. Il a dit que nous « étions allés trop loin, qu'on nous avait promis positivement des « secours d'outre-mer, et qu'il fallait être unanimes ici, sans quoi « nous ne devions plus nous y attendre. Mon frère, le vieux bon- « homme et ses chiens de Hollandais en parlent tout à leur aise, « de la guerre; mais qu'allons-nous faire nous autres? Car si on « ose s'y opposer, on est déclaré rebelle; aussi resté-je muet.

« Dans les familles, on ne parle que de guerre, mais dans le « parlement on chante les louanges de la paix, et de la Reine; « voilà la politique. Je n'ai pas autre chose à écrire, mais j'aurais « beaucoup à vous dire, mon frère. Le vieux Reitz dit que Cham- « berlain sera joliment surpris un de ces beaux jours, et que nous « autres bourgeois nous devons dormir l'œil ouvert.

« Le bruit court par ici que nos officiers militaires travaillent « nuit et jour afin de pouvoir expédier un ultimatum à la vieille « Victoria avant qu'elle ne soit prête. »

Dans les familles on ne parle que de guerre, mais dans le parlement on chante les louanges de la paix et de la Reine, voilà la politique. Est-il donc surprenant que les ouvertures faites par les Anglais furent faites en vain?

CHAPITRE V

LES NÉGOCIATIONS POUR LA PAIX

Je ne cherche point ici à écrire l'histoire de la guerre; je l'ai déjà fait, et je ne veux que parler des efforts faits pour tromper le public européen et américain sur divers points. Je m'efforcerai de traiter chacun de ces sujets à tour de rôle, non en avocat rédigeant une plaidoirie, mais en honnête homme qui essaye de faire valoir les choses telles qu'elles sont; même lorsque je me permettrai de ne point approuver les actions soit du gouvernement anglais, soit des généraux à l'armée. Dans ce chapitre, donc, je traiterai la question de la paix, et j'examinerai jusqu'à quel point l'on peut reprocher aux Anglais de n'avoir point réussi à faire aboutir des négociations reprises à deux fois

Au début de la guerre, les Boers prennent l'offensive et sont victorieux; ils envahissent le territoire anglais; ils refoulent le petit nombre de troupes qu'on leur oppose jusque dans des positions retranchées, et les tiennent enfermées à Ladysmith, à Kimberley et à Mafeking; en même temps ils renversent à Colenso les troupes dépêchées pour lever le siège de Ladysmith. Pendant toute la longue durée de leur succès, c'est-à-dire depuis le mois d'octobre 1899 jusqu'au mois de février 1900, ils ne parlent jamais une seule fois de faire la paix; au contraire, chaque pouce de territoire anglais occupé par eux est sur-le-champ annexé, soit par le Tranvaal, soit par l'État Libre d'Orange. Ce fait est reconnu et incontestable. Mais alors à quoi bon proclamer qu'ils font une guerre défensive, et comment peuvent-ils déclarer injuste l'annexion du territoire boer lorsque, à son tour, il est occupé par nos troupes? Notons en outre que les Boers ne se montrèrent nullement généreux dans l'usage qu'ils firent de leurs succès passagers. A la fin du mois de janvier 1900, M. le docteur

Leyds, alors en visite à Berlin disait : — « Je suis d'avis que « l'Angleterre sera forcée de céder une bonne partie du terri- « toire qu'elle nous a enlevé autrefois... Il est probable que les « Boers réclameront la cession du territoire qui s'étend entre « Durban et la baie de Delagoa, avec les ports de Lucia et de « Kosi. L'État Libre d'Orange et le Transvaal seront réunis et ne « formeront qu'un seul état dans lequel seront incorporées cer- « taines parties du territoire de Natal et les territoires septen- « trionaux de la Colonie du Cap. *(Daily News :* correspondance « de Berlin le 1er février et le 16 mars (1900). »

Les Boers voulaient atteindre la mer, rien de moins ; la guerre ne devait prendre fin que lorsque leur drapeau serait hissé sur Cape-Town; mais la fortune changea; la résistance offerte par les garnisons, la ténacité des armées envoyées à leur secours, et le génie de Lord Roberts changèrent complètement la situation. Les Boers furent refoulés sur leur première capitale, et ce n'est qu'alors que, pour la première fois, ils firent des propositions de paix, n'en ayant soufflé mot tant que la victoire avait perché sur leurs bannières.

Voici le télégramme envoyé par M. le président Kruger :

« Les présidents de l'État Libre d'Orange et de la République « de l'Afrique du Sud au marquis de Salisbury.

« Bloemfontein, le 5 mars 1900. »

« Le sang et les larmes des milliers éprouvés par cette guerre, « et le danger de la ruine morale et économique qui, à l'heure « présente menace l'Afrique du Sud, forcent les belligérants des « deux parts, de se demander calmement, et comme étant en pré- « sence de la Trinité divine, pourquoi ils se combattent, et si le « but que chacun cherche à atteindre mérite d'entraîner une « misère et une dévastation si épouvantables.

« C'est pourquoi, — tenant compte des déclarations de plu- « sieurs hommes d'état anglais, que cette guerre a été entreprise « et se continue dans le but fixe de renverser l'autorité de Sa « Majesté dans l'Afrique du Sud, et d'établir sur toute l'étendue « du territoire sud-africain une administration absolument indé- « pendante du gouvernement de Sa Majesté, — nous sommes tom- « bés d'accord qu'il est de notre devoir de déclarer solennellement « que la guerre a été entreprise uniquement comme mesure

« défensive et dans le but de protéger l'indépendance de la République de l'Afrique du Sud qui était menacée, et qu'elle n'est « prolongée qu'afin de garantir et de protéger l'indépendance « incontestable des deux Républiques, États souverains internationaux, et d'obtenir la garantie que ceux des sujets de Sa « Majesté qui se sont rangés de notre côté dans cette guerre ne « seront en aucune façon inquiétés, soit quant à leur vie, soit « quant à leurs biens.

« A ces conditions, mais à ces conditions seules, nous nous « déclarons être maintenant, comme par le passé, désireux de « voir rétablir la paix dans l'Afrique du Sud et de mettre fin « aux maux qui sévissent en ce moment dans ce pays. D'autre « part, si le gouvernement de Sa Majesté a résolu de détruire « l'indépendance des Républiques, nos peuples et nous seront « forcés de maintenir jusqu'au bout la ligne de conduite que « nous nous sommes tracée, malgré l'immense supériorité de « l'Empire britannique, étant sûrs que Dieu, qui a allumé dans « nos cœurs et dans le cœur de nos pères la flamme inextinguible « de l'amour de la liberté, ne nous abandonnera point, mais « accomplira son œuvre en nous et en nos descendants.

« Nous avons hésité à faire cette déclaration plus tôt à votre « Excellence, craignant que tant que la victoire nous restait toujours et que nos troupes étaient postées dans des positions « défensives, bien avant dans le territoire des colonies de Sa Majesté, une telle déclaration ne froissât le point d'honneur du « peuple anglais, mais à présent que le prestige de l'Empire « britannique peut être considéré comme rétabli par la reddition « d'une de nos armées aux troupes de Sa Majesté, et que nous « sommes forcés par conséquent d'évacuer d'autres positions occupées par nos troupes, cette difficulté n'existe plus, et nous « ne saurions hésiter plus longtemps à déclarer franchement à « votre gouvernement et à votre nation, en présence du monde « civilisé tout entier, pourquoi nous nous battons et à quelles « conditions nous sommes prêts à rétablir la paix. »

Voici maintenant la réponse de Lord Salisbury :

« Ministère des Affaires étrangères, le 11 mars 1900.

« J'ai l'honneur d'accuser réception du télégramme de Votre « Honneur portant date, Bloemfontein, le 5 mars, dont le but

« est surtout de réclamer de la part du gouvernement de Sa « Majesté la reconnaissance de l'indépendance incontestable de la « République de l'Afrique du Sud et de l'État Libre d'Orange « comme Etats souverains internationaux, et d'offrir à cette con- « dition de terminer la guerre.

« Au commencement d'octobre dernier, il y avait paix entre « Sa Majesté et les deux Républiques en vertu des conventions « qui existaient alors. Des pourparlers avaient eu lieu depuis « plusieurs mois entre le gouvernement de Sa Majesté et la « République de l'Afrique du Sud dans le but de faire redresser « certains griefs très graves dont souffraient les sujets anglais « établis dans la République de l'Afrique du Sud. Durant le « cours de ces négociations, la République de l'Afrique du Sud « avait, au su du gouvernement de Sa Majesté, fait des arme- « ments très considérables, et le gouvernement de Sa Majesté « avait en conséquence pris ses mesures pour renforcer d'une « façon équivalente les garnisons anglaises à Cape-Town et dans « le Natal. Les Anglais n'avaient encore d'aucune façon enfreint « les droits garantis par les conventions; mais soudain la Répu- « blique de l'Afrique du Sud, après avoir lancé un ultimatum « outrageant auquel elle demandait réponse dans un délai de « quarante-huit heures, déclara la guerre à Sa Majesté; et « l'Etat Libre d'Orange, avec lequel il n'y avait pas eu même « ombre de discussion, fit précisément la même chose. Les terri- « toires de Sa Majesté furent sur-le-champ envahis par les « troupes des deux Républiques. Trois villes, sises en deçà des « frontières anglaises, furent assiégées; une grande partie des « deux colonies fut envahie; les biens des colons détruits et des « colons mis à mort; et les Républiques prétendirent traiter les « habitants sur une grande étendue des territoires de Sa Majesté « précisément comme si ces territoires avaient été annexés à « l'une ou à l'autre des Républiques. La République de « l'Afrique du Sud s'était préparée à ces opérations, et pendant « nombre d'années avait accumulé du matériel de guerre sur « une vaste échelle, matériel qui ne pouvait être destiné qu'à « être employé contre la Grande-Bretagne.

« Vos Honneurs fondent quelques observations d'un carac- « tère négatif sur le but de ces préparations. Il me semble inu- « tile de discuter la question soulevée par vous, mais le résultat « de ces préparatifs faits dans le plus grand secret, est que « l'Empire britannique a dû faire face à une invasion qui a

« entraîné une guerre coûteuse et la perte de plusieurs milliers « de vies. Cette grande calamité est le prix que la Grande-Bre« tagne a dû payer pour avoir consenti pendant ces dernières « années à l'existence des deux Républiques.

« Vu l'usage que les deux Républiques ont fait de la position « qui leur avait été accordée, et les malheurs qu'elles ont infligés « aux territoires de Sa Majesté par une attaque nullement pro« voquée par nous, le gouvernement de Sa Majesté ne peut « répondre au télégramme de Vos Honneurs que par la simple « déclaration qu'il ne saurait consentir à l'indépendance soit de « la République de l'Afrique du Sud, soit de l'Etat Libre « d'Orange. »

Assurément tout homme de sens, à quelque nation qu'il appartienne, est tenu d'accorder qu'aucun homme d'Etat anglais ne pouvait logiquement agir autrement, du moment que le premier coup de canon fut tiré. La logique des événements prouve fatalement qu'il fallait que l'Afrique du Sud fût dominée par les Républiques ou que les Républiques cessassent d'exister. Il y aurait eu des raisons à avancer en faveur de l'État Libre d'Orange, n'était que cet Etat s'était mis hors de cause en annexant tout le territoire anglais sur lequel il avait réussi à mettre la main; mais il n'y avait pas de raison pour épargner le Transvaal, car si cet État était reconstitué, nous aurions immédiatement à faire face de nouveau à la question de suffrage, à la question des Uitlanders, à combattre une oligarchie pourrie, la conjuration contre les Anglais, en un mot, tout ce qui nous a coûté tant d'or et de sang à redresser. La situation désespérée dont nous ne faisions que nous tirer, nous défendait d'admettre la possibilité ou plutôt la certitude qu'elle se renouvelât prochainement. Que ceux qui nous jugent se souviennent que tout ce qui venait d'arriver était déjà arrivé autrefois. Une fois déjà dans notre génération, nous avions conclu une paix factice, et nous avions laissé ces gens capables de nous nuire. Qu'en était-il advenu? Des ennuis incessants qui avaient abouti à une grande guerre qui a éprouvé fortement les ressources de l'Empire. Devions-nous reprendre cette même tâche? Y a-t-il une seule nation au monde qui l'eût voulu faire? Nous savions parfaitement que le jour où nous signerions la paix, nous aurions au nord de notre territoire un ennemi implacable et redoutable, couvant sa haine et se fortifiant en vue du jour où il pourrait nous frapper à l'improviste, et menaçant toujours nos colonies. On ne saurait donc nous blâmer d'avoir résolu d'en finir une fois pour toutes, afin de ne plus avoir à recommencer la besogne.

Ainsi se terminèrent les premières négociations en vue de la paix. La guerre recommença, et bientôt la deuxième capitale des Boers fut prise, et le président Kruger battit en retraite sur l'Europe, laissant l'Afrique du Sud dans l'état de chaos dont il était l'auteur. Alors, de nouveau, et cette fois l'initiative fut prise par le général Botha, de nouvelles propositions de paix furent faites, qui donnèrent lieu à une conférence entre le général Kitchener et le général Botha le 28 février 1901. Le général anglais avait préalablement déclaré que, pour les raisons précitées, l'indépendance des Républiques boers ne pouvait être rétablie, et ce fut sur cette base que les pourparlers eurent lieu.

Voici le propre rapport de lord Kitchener sur l'entrevue et les points débattus :

Télégramme.

« Prétoria, le 1er mars 1901, 2 h. 20 de l'après-midi.

« Le 28 février. — Je viens d'avoir une longue entrevue avec « Botha, qui s'est montré très bien disposé, et selon toute appa- « rence désireux d'obtenir la paix. Il m'a demandé des rensei- « gnements sur un certain nombre de sujets que, dit-il, il aurait « à soumettre à son gouvernement et à son peuple; au cas où ils « y consentiraient, il se rendrait dans la Colonie de la Rivière « d'Orange pour obtenir leur consentement; alors tous ils met- « traient bas les armes et la guerre prendrait fin. Il m'a dit « qu'ils pouvaient continuer à se battre pendant quelque temps « encore, et qu'il n'était pas sûr de faire accepter la paix si « nous n'accordions pas l'indépendance. Il a tout essayé pour « se faire promettre l'indépendance sous une forme ou sous une « autre, mais j'ai refusé de discuter cette question, et j'ai déclaré « que n'importe quelle mesure d'indépendance, même restreinte, « serait des plus dangereuses et entraînerait probablement la « guerre à l'avenir. Cette question fut donc écartée et :

« 1° Il m'interrogea sur la forme du gouvernement futur des « colonies. Il désirait avoir de plus amples détails que n'en avait « donné le ministre des colonies; je lui dis que, sauf rectifica- « tion par le gouvernement anglais, je croyais que lorsque les

« hostilités cesseraient, l'administration militaire serait remplacée par l'administration des colonies de la couronne, c'est-à-dire, par un exécutif nommé par Sa Majesté, auquel serait adjointe une assemblée élue chargée de conseiller l'Administrateur, et que plus tard le gouvernement représentatif serait établi. Il eût préféré avoir le gouvernement représentatif de suite, mais il a paru satisfait de ce que je lui ai dit.

« 2° Il me demanda si les Boers auraient la faculté de conserver une carabine par homme pour se protéger contre les noirs. Je lui répondis que j'étais d'avis qu'on accorderait la permission sur livraison d'un permis et sur un enregistrement de la permission.

« 3° Il me demanda si l'usage du hollandais serait admis. Je lui répondis que je croyais que l'anglais et le hollandais seraient mis sur le même pied; il exprima le vœu que les fonctionnaires qui auraient des rapports avec les fermiers seraient tenus de connaître le hollandais.

« 4° Question cafre. — Cette question porta de suite sur le droit de suffrage à accorder aux Cafres, et la meilleure solution nous parut être de n'accorder le suffrage aux Cafres qu'après l'établissement du gouvernement représentatif dans les colonies. La loi sur les Cafres de l'État Libre d'Orange parut être satisfaisante.

« 5° Que l'église hollandaise serait maintenue dans la pleine jouissance de ses biens.

« 6° Que les fonds publics et les fonds pour les orphelins seraient maintenus intacts. Il me demanda si le gouvernement anglais, lorsqu'il prendrait possession du revenu des Républiques, se rendrait aussi responsable de leurs dettes légales. Il insista fortement là-dessus, et par dettes légales il me fit entendre qu'il voulait dire aussi les dettes contractées légalement depuis le commencement de la guerre. Il parla d'effets émis par la République, et se montant à un peu moins de 25 millions de francs.

« 7° Il me demanda si les fermiers auraient à payer un impôt de guerre. Je lui répondis que je ne le pensais pas.

« 8° Quand les prisonniers de guerre seraient-ils rapatriés?

« 9° Il parla de secours en argent à accorder aux fermiers pour reconstruire leurs fermes incendiées et les aider à recom-

« mencer à gagner leur vie. Je lui répondis que j'estimais que « des secours de ce genre seraient accordés.

« 10° Amnistie générale à la fin de la guerre. — Nous discu« tâmes la question des colons qui s'étaient ralliés aux Répu« bliques, et il ne parut pas s'opposer à ce que ces individus « fussent privés de leurs droits civiques. Je lui promis de lui « écrire et de lui faire savoir les vues du gouvernement sur ces « diverses questions. Tout ce que je lui dis dans le cours de « l'entrevue fut dit sous la réserve que mes déclarations devaient « être confirmées par le gouvernement. Il réclama vivement une « réponse au plus tôt. »

Il y eut alors échange de lettres entre lord Kitchener, Sir Alfred Milner, et M. Chamberlain, dans le but de rédiger d'une façon précise les conditions à accorder au général Botha. Les propositions suivantes furent soumises à ce chef le 7 mars :

Le gouvernement s'engageait, pourvu qu'il y eût reddition militaire absolue :

1° A accorder amnistie absolue pour tous les actes de guerre proprement dits commis par tout bourgeois de l'une ou de l'autre république. Quant aux colons rebelles, il y aurait lieu, s'ils réintégraient la colonie, à une enquête sur la façon dont ils s'étaient conduits.

2° Tous les prisonniers de guerre seraient rapatriés de suite.

3° Une administration des colonies de la couronne serait établie le plus tôt possible et serait remplacée par le gouvernement représentatif comme dans les autres possessions anglaises libres; les cours de justice seraient indépendantes du gouvernement.

4° La langue hollandaise et la langue anglaise seraient mises sur un pied d'égalité.

5° Le gouvernement aiderait les fermiers à réintégrer leurs fermes, à rebâtir leurs demeures, s'engagerait à ne point les frapper d'un impôt spécial, et à titre gracieux, accorderait 25 millions de francs pour solder la dette contractée envers leurs propres nationaux par les deux républiques pendant la guerre.

6° Les bourgeois recevraient la permission de conserver des armes de chasse.

7° Les Cafres seraient protégés par la loi, mais ne jouiraient pas du droit de suffrage.

« En dernier lieu, écrit lord Kitchener, je dois déclarer à « Votre Honneur que si ces conditions ne sont pas acceptées « après un délai raisonnable, elles seront tenues pour nulles et « non avenues. »

Mais le sage et chevaleresque Botha se vit forcé de céder à son entourage, dont la plupart n'avait guère à perdre par la continuation de la lutte. Il est clair que, quant à lui, il n'estimait pas l'indépendance essentielle, puisqu'il avait sérieusement discuté des conditions basées sur la perte de l'indépendance; toutefois d'autres influences agirent sur lui, et voici la réponse qu'il fit, réponse qui a déjà coûté tant de vies de part et d'autre :

« J'ai l'honneur d'accuser réception de la lettre de Votre « Excellence, m'apprenant les démarches que le gouvernement « de Votre Excellence est prêt à faire dans l'éventualité de la « fin générale et complète des hostilités. J'ai soumis la lettre « de Votre Excellence à mon gouvernement, mais après l'échange « de vues qui a eu lieu à notre entrevue à Middelburg, le « 28 février dernier, Votre Excellence ne saurait être fort sur- « prise d'apprendre que je ne me sens point disposé à recom- « mander que les conditions posées dans ladite lettre soient « sérieusement discutées par mon gouvernement. J'ajoute que « mon gouvernement et mes principaux officiers ici sont plei- « nement d'accord avec moi. »

Il est à remarquer que dans cette réponse le général Botha fonde son refus sur ses propres vues, telles qu'il les avait exprimées dans sa conférence avec lord Kitchener; c'est une déclaration authentique, venant directement de lui, que ce refus ne fut point motivé par des changements apportés aux conditions par M. Chamberlain, ce qu'aiment à dire les ennemis du ministre.

Nous avons déjà vu que c'était s'assurer une nouvelle guerre à l'avenir que d'accorder l'indépendance. Il est impossible de concevoir de quelle façon, sauf en admettant cette indépendance si dangereuse, la Grande-Bretagne eût pu accorder plus; il est vrai que l'on a dit que la Grande-Bretagne eût pu fixer définitivement la date à laquelle le gouvernement représentatif serait établi, mais une pareille promesse n'eût pu être sincère, car évidemment ce n'était point une date mais l'état du pays qui devait en déterminer l'accomplissement. Assurément la proposition de prêter de l'argent aux fermiers pour les aider à reconstruire leurs fermes et à s'acheter le bétail et les instruments aratoires qui leur étaient nécessaires, était un acte de générosité envers un ennemi vaincu, et le fait est qu'il est clair maintenant que sous certains rapports cette proposition était trop généreuse, et que les intérêts de l'Empire en eussent gravement pâti, si ces conditions avaient été acceptées. Si le gouvernement avait accordé davantage, il eût paru non pas offrir la paix, mais l'implorer.

Quelles que puissent être les conditions définitives de la paix, nous espérons vivement que les 40,000 prisonniers mâles ne seront pas rapatriés de droit et sans aucune garantie qu'ils vivront en paix et en concorde à l'avenir. Il est aussi fort à désirer que le patois bâtard *taal*, qui n'a pas de littérature, et qui est presque aussi inintelligible pour les Hollandais que pour les Anglais, ne soit plus reconnu officiellement. Ces deux omissions pourraient nous dédommager, au bout du compte, des longs mois de guerre inutile, puisque, sur le refus de Botha, le gouvernement retira ces propositions, et l'aiguille continua à marcher sur le cadran du sort pour ne plus retourner en arrière.

De Wet avait dit, à propos des conditions de paix posées par lord Kitchener : — « A quoi bon discuter chaque point, vu que la « seule chose pour laquelle nous combattons c'est notre indé- « pendance et notre existence nationale ? » Il est clair toutefois que le général Botha ne voyait pas là un empêchement absolu au renouvellement des pourparlers, car deux mois plus tard, le 10 mai, il écrivait à lord Kitchener :

« *Camp du commandant général, le 10 mai 1901.*

« Votre Excellence,

« Ainsi que je l'ai déjà affirmé à Votre Excellence, je désire « fort mettre fin à la guerre et à ses tristes suites ; toutefois il est « nécessaire, afin de me conformer au *Grondwet*, (constitution) « de nos républiques, et pour d'autres raisons, qu'avant de faire « aucune démarche dans ce sens, l'état de notre pays et de notre « cause soit connu de Son Honneur le président d'État Kruger, « qui est maintenant en Europe ; et je désirerais lui dépêcher « deux personnes afin de lui faire connaître pleinement l'état « des choses.

« Le temps étant d'une grande importance dans cette affaire,

« et pour vous et pour nous, et l'envoi de ces députés sans le « secours de Votre Honneur devant entraîner un délai considé- « rable, je prie Votre Excellence de me faire savoir si Votre « Excellence voudrait m'aider à dépêcher l'affaire en accordant « permission à un ou deux individus d'aller et de revenir en « sûreté, et même, si besoin est, par les moyens de communi- « cation dont dispose Votre Excellence.

« J'ai l'honneur, etc...

« Louis BOTHA,
« *Commandant général.* »

Lord Kitchener répondit :

« *Quartier général de l'armée de l'Afrique du Sud,*
« *Prétoria, le 16 mai 1901.*

« Votre Honneur,

« J'ai l'honneur d'accuser réception de la lettre de Votre « Honneur portant date le 10 courant, et de vous faire savoir « que je ne puis traiter avec vous et vos officiers supérieurs en « campagne, que par rapport à la cessation des hostilités, et que « je ne reconnais aucunement la position officielle d'aucune « autre personne dans les ex-républiques de la Rivière d'Orange « et du Transvaal.

« Si toutefois Votre Honneur désire, dans le but de mettre « fin aux hostilités, consulter n'importe qui en Europe, je trans- « mettrai tous télégrammes à ce sujet, que Votre Honneur dési- « rerait envoyer, et je vous ferai parvenir les réponses. Si toute- « fois Votre Honneur tient toujours à envoyer des messagers, « et veut bien me faire connaître leurs noms et leur position, « je renverrai la question au gouvernement de Sa Majesté qui « en décidera.

« J'ai l'honneur, etc...

« KITCHENER,
« *Général commandant en chef les troupes anglaises*
« *dans l'Afrique du Sud.* »

A cette époque, c'est-à-dire dans la deuxième semaine de mai, la cause boer était bien bas, car Botha rouvre des pourparlers qu'il avait déclaré être terminés à tout jamais; et Reitz (l'individu qui autrefois trouvait la chose une si bonne plaisanterie), écrivait une lettre désespérée à Steyn, affirmant qu'il n'y avait plus d'espoir, et qu'il était temps de faire le plongeon. La réponse de Kruger encouragea les Boers à persister dans leur résistance fatale et désespérée; il leur disait qu'il avait grand espoir que la guerre se terminerait à leur avantage, et qu'il avait pris des mesures pour subvenir aux besoins des prisonniers boers et des femmes réfugiées. Ces mesures, qui étaient en effet très efficaces, consistaient à les confier à la générosité de ce même gouvernement qu'il aimait tant à conspuer. Certains indices portent à croire qu'autre chose avait contribué à leur inspirer de nouvelles espérances et aussi à leur apporter de nouvelles fournitures de matériel de guerre. Il paraît qu'à peu près à cette époque, une grande quantité de carabines, de munitions de guerre et de recrues aussi peut-être, leur arrivèrent d'un point ou d'un autre, soit par voie de la Damaraland allemande ou de la côte portugaise. En tout cas, ils ont tant dépensé de cartouches depuis lors, que, ou Reitz était fou, ou bien de fortes fournitures avaient été envoyées au Boers de quelque source inconnue.

Tels furent les efforts faits par les autorités en vue d'amener la paix.

Je les ai racontés assez longuement afin de prouver combien il est faux que le gouvernement anglais insista sur la reddition à discrétion. Bien loin de là, les conditions offertes par le gouvernement anglais étaient si généreuses qu'elles excitèrent le plus vif mécontentement et les plus vives critiques dans notre pays, car il nous semblait que nous allions perdre d'un trait de plume ce que nous avions gagné par l'épée. On ne refuse rien à l'ennemi sauf l'indépendance seule, que nous n'accorderons jamais, même si la guerre doit continuer jusqu'à ce que le dernier Boer soit déporté.

Il me suffira d'indiquer brièvement quels furent les efforts des particuliers parmi les Boers pour amener la paix. Un grand nombre de Boers, qui comptaient parmi eux beaucoup d'hommes intelligents et très influents, étaient disposés à se ranger sous le drapeau anglais et à vivre en paix. Les chefs de ce parti étaient Piet De Wet, frère de Christian De Wet, Paul Botha, de Kroonstadt; Fraser, de Bloemfontein, et d'autres encore. Piet De Wet, qui avait combattu contre nous aussi résolument que n'importe qui, écrivit à son frère : « Lequel vaut mieux pour les

« Républiques, de continuer la lutte et courir le danger de voir « notre nation disparaître ou de nous soumettre? Nous ne sau- « un seul instant songer à reprendre le pays, même si on nous « l'offrait, avec des milliers de gens à entretenir et un gouver- « nement qui n'a pas le sou. Mettez de côté les sentiments de « passion pour un instant, et faites appel à votre sens commun; « vous tomberez d'accord avec moi que la meilleure chose à faire, « et pour la nation et pour le pays, c'est de nous rendre, d'agir « loyalement envers le nouveau gouvernement et d'obtenir le « gouvernement représentatif. » C'était là l'opinion de nombre des meilleurs bourgeois, et ils essayèrent de convertir leurs compatriotes. Dans l'État Libre et dans le Transvaal des comités de paix furent créés par les bourgeois, qui envoyèrent des députés exposer les faits à leurs confrères des commandos. Les résultats furent tragiques : deux des envoyés, Morgendaal et de Koch, furent fusillés. Morgendaal avait préalablement été fouetté; plusieurs autres furent fouettés, et tous furent maltraités.

Mais ces cruautés, loin d'arrêter le mouvement, ne firent que l'éperonner. Les bourgeois qui voulaient la paix reconnurent qu'il était inutile de discuter avec leurs compatriotes, et sachant que leur patrie était en train d'être ruinée sans retour par ces folles résistances, ils se décidèrent enfin à porter les armes contre eux, et à l'heure présente, il y a trois forts commandos de bourgeois qui se battent sous le drapeau anglais. Tous trois sont commandés par des généraux boers : Marais, Celliers et Cronje le jeune, qui tous trois s'étaient acquis leur réputation en combattant contre nous.

Ce simple fait devrait suffire pour convaincre de fausseté les bruits de barbarie anglaise dont je traiterai tout à l'heure. Ce ne sont que les fanatiques de la politique en Angleterre et les dupes à l'étranger qui croient à ces bruits; mais nombre de Boers qui sont sur les lieux y répondent en s'enrôlant et en combattant sous le drapeau anglais. Ce sont eux qui sont les mieux situés pour savoir la vérité, et pourraient-ils démontrer plus clairement ce qu'ils croient être la vérité?

CHAPITRE VI

L'INCENDIE DES FERMES

Il est très facile de suivre, dans la correspondance officielle des chefs boers et anglais dans l'Afrique du Sud, comment l'incendie de fermes en vint à prendre des proportions qui révoltèrent le public. Admettons que les résultats ne l'ont point justifié et que, toute question morale à part, une famille dont on a incendié la demeure n'est guère de celles qui, ainsi que nous l'espérons pour la plupart des Boers, resteront paisibles et tranquilles à l'avenir en bons sujets anglais. D'autre part, quand de parti pris, une nation fait la guerre de guérillas, elle invite de propos délibéré tous les malheurs qu'une pareille tactique entraîne fatalement; il en a toujours été ainsi de tout temps et dans toutes les guerres. L'armée harcelée par les guérillas frappe furieusement de tous côtés, et parfois sans trop réfléchir; l'armée qui est continuellement tiraillée et harassée s'aigrit, et le général se voit forcé de recourir à des mesures plus rigoureuses, que l'expérience et les précédents suggèrent. Toutefois, le fait que les guérillas pris les armes à la main ont été traités en prisonniers de guerre, ce qui ne fut jamais accordé à leurs prédécesseurs, les francs-tireurs, prouve que les autorités anglaises n'ont point appliqué ces mesures rigoureusement. Ecartons la question générale des guérillas pour le moment, et bornons-nous à la question de l'incendie des fermes.

La première protestation émanant des Boers porte la date du 3 février 1900. Les deux présidents accusent les troupes anglaises d'avoir incendié des fermes, de les avoir fait sauter avec de la dynamite et d'avoir dévasté les champs; ils accusent aussi les Anglais d'avoir fait usage de noirs armés contre les Boers.

Le 5 février, Lord Roberts répondit que les ordres les plus rigoureux avaient été donnés aux troupes anglaises de respecter les propriétés particulières : — « Toute destruction inutile, tout « mal fait aux habitants paisibles est contraire à la pratique et « aux traditions des Anglais, et au besoin je sévirai rigoureuse- « ment. » Il ajoutait qu'il était faux que les noirs eussent jamais été encouragés par les officiers anglais à commettre des déprédations. Cette accusation, qui a fourni le sujet de tant de charges sur le continent, est aussi absurde que la plupart des autres œuvres des mêmes artistes. Pourquoi l'Etat qui refusa le secours de sa propre armée indienne, admirablement disciplinée et comptant 150,000 hommes, aurait-il accepté le secours de sauvages? Lord Roberts repoussa chaudement l'accusation, qui ne fut plus répétée dans le cours de la correspondance.

Lord Roberts ne se borna point dans cette lettre à nier les accusations des Boers, mais il porta la guerre en Afrique. « Je « regrette d'avoir à déclarer que ce sont les troupes républicaines « qui se sont rendues parfois coupables de faire la guerre d'une « façon qui ne s'accorde point avec les usages civilisés. Je fais « allusion surtout au fait que les loyaux sujets de Sa Majesté « ont été expulsés de leurs demeures dans les parties de nos colo- « nies envahies par vous, sur leur refus de s'enrôler parmi les « envahisseurs. Il est barbare d'essayer de forcer des individus « à prendre les armes contre leur propre souveraine et contre « leur propre pays en les menaçant d'être spoliés et expulsés s'ils « refusent. Grâce aux efforts de vos troupes, hommes, femmes et « enfants ont dû quitter leurs demeures, et nombre de ceux qui « étaient autrefois à leur aise sont maintenant obligés d'avoir « recours à la charité. »

Plus loin, Lord Roberts, dit : — « J'attire l'attention de « Vos Honneurs sur l'injustifiable destruction des biens des « Anglais par les troupes boers dans le Natal; non seulement « vos troupes s'emparent sans vergogne du bétail et des autres « biens des fermiers, sans payer, mais elles détruisent de fond « en comble le contenu de beaucoup de fermes. Je cite comme « exemple la ferme de Longwood près de Springfield, apparte- « nant à M. Théodore Wood. Tout autre est la conduite des « troupes anglaises sur la rivière Modder. J'apprends que les « fermes qui se trouvent comprises dans le campement même des « Anglais, demeurent inviolables, que les habitants ne sont

« inquiétés en aucune façon, et qu'absolument aucun dégât ne « s'est produit dans leurs maisons, leurs jardins, et leurs mois- « sons. »

Le 26 mars, lord Roberts s'exprime nettement sur la question des biens des particuliers dans les proclamations lancées ce jour-là :

« La proclamation suivante que je viens de faire au nom du « gouvernement de Sa Majesté le 26 mars, commence ainsi : « Avis est donné par la présente que toute personne qui, dans le « territoire de la République de l'Afrique du Sud ou de l'État « Libre d'Orange autorisera, ou se rendra coupable de destruc- « tion injustifiable, ou infligera du dommage, ou conseillera, « aidera, ou contribuera à la destruction injustifiable ou au dom- « mage des biens publics ou privés, — de telles destructions ou « de tels dommages n'étant point justifiés par les usages et les « habitudes de la guerre civilisée, — sera responsable en sa « personne et ses biens de ses faits et actes. »

Ceci se passait pendant le temps de repos à Bloemfontein, et je me rappelle parfaitement combien, alors et longtemps après, l'indulgence envers l'ennemi dont faisait preuve le général en chef, sembla outrée et absurde à ceux qui étaient sur les lieux. Je me rappelle que, lorsque nous demandâmes permission de faire usage des villas abandonnées pour y caser nos malades, les hôpitaux étant remplis, on nous répondit que cela ne se pouvait faire que par traité particulier passé avec les propriétaires, qui faisaient précisément partie des commandos qui se battaient contre nous. Je me souviens aussi d'avoir proposé que l'on utilisât les palissades en fer battu qui entouraient les champs de cricket pour construire des cabines. « Impossible, nous répondit-on, ces « palissades sont des propriétés particulières. »

Pendant toute la durée de la marche en avant de lord Roberts, les propriétés de particuliers furent respectées de la même façon. Le pays que traversait l'armée abondait en troupeaux, mais tout aussi scrupuleux que Wellington l'avait été dans le midi de la France, le général en chef ne permit pas que les soldats prissent même un poulet : tout pillage était promptement et rigoureusement puni. Il est vrai que de temps à autre on brûlait une ferme et que l'on confisquait le bétail, mais seulement pour punir quand le cas était grave, et nullement d'une façon systématique.

Le troupier qui clochait du pied, regardait de travers les belles oies qui se dandinaient sur les côtés de la route, mais il y allait de sa vie s'il osait mettre la main sur leurs beaux cous blancs. Les soldats traversaient un riche pays, ne buvant que de l'eau trouble et ne mangeant que du bœuf en conserve.

Une preuve frappante de la discipline et de la maîtrise anglaise fut donnée à cette époque, alors que la guerre pouvait encore être dite régulière du côté des Boers, par la division Rundle, à laquelle les troupes avaient donné le sobriquet de « la huitième affamée ». Cette division avait eu la malechance d'être stationnée durant plusieurs mois assez loin de la ligne du chemin de fer, et par conséquent il lui avait été très difficile de se procurer des vivres. Pendant très longtemps les hommes n'eurent que des demi-rations, et ils étaient tellement affaiblis qu'ils étaient beaucoup moins capables de prendre l'offensive. Pourtant ils étaient campés dans un pays d'abondance, un pays de grandes fermes bien approvisionnées. Je ne vois pas pourquoi l'on ne pouvait se procurer ces provisions pour nourrir les troupes, mais ce que je sais, c'est que le prix du pain, des œufs, du lait et autres denrées de ce genre, était maintenu à un taux très élevé par les femmes des fermiers, qui étaient eux-mêmes membres des commandos; que les soldats affamés n'avaient pas de quoi acheter ces provisions, et qu'il leur était interdit de s'emparer de la nourriture qui leur était indispensable.

Le 19 mars, au moment où l'armée de lord Roberts marchait sur Prétoria, De Wet envoya au général une dépêche dans laquelle il se plaignait de la destruction de deux fermes : Paarde Kraal et Leeuw Kop. Lord Roberts répondit que ces deux fermes avaient été détruites parce que, tandis que le drapeau blanc flottait sur les maisons, des hommes embusqués dedans avaient tiré sur les troupes. « J'ai fait détruire deux fermes près « de Kroonstad, ajoutait-il, pour la même raison, et je conti- « nuerai à punir toute trahison de ce genre par la destruction « des fermes où de tels faits se sont produits. » C'est là une déclaration de conduite absolument claire, et qui ne veut pas dire une destruction injustifiable. A vrai dire, il est difficile de voir quelles autres mesures un général pouvait prendre sans faire tort à ses propres hommes. Ces fermes-là, et toutes celles comprises dans cette catégorie, méritaient d'être détruites, et les familles furent transportées sans mauvais traitement dans un lieu sûr.

Les plaintes que renouvela bientôt le commandant boer furent plus précises :

« Je reçois continuellement des plaintes, dit-il, que les « demeures des particuliers sont pillées, et dans certains cas « détruites totalement; que l'on enlève toute nourriture aux « femmes et aux enfants, qui sont ainsi obligés d'errer à « l'aventure sans vivres et sans protection. En voici quelques « exemples : j'apprends à l'instant par un procès-verbal en bonne « forme que la maison du feld-cornet, S. Buys, sur la ferme du « district de Leeuwspruit, à Middelburg, fut incendiée et « détruite le 20 juin dernier. On ne donna à sa femme que cinq « minutes pour enlever sa literie et ses vêtements, et même ce « qu'elle emporta lui fut pris; on lui ôta ses vivres, son « sucre, etc., de sorte que ses enfants et elle n'avaient ni couver- « tures ni nourriture, pour la nuit. On la somma de livrer la clef « du coffre-fort et après qu'elle l'eût livrée, on la menaça d'un « sabre, et on lui demanda de l'argent. Tout l'argent qui se « trouvait dans la maison fut pris; tous les papiers dans le « coffre-fort furent déchirés et tout ce qui ne pouvait être « emporté fut détruit. La maison du fils Buys fut aussi détruite; « les portes et les fenêtres enfoncées, etc...

« J'apprends de plus que mes bâtiments à moi, sur la ferme « de Varkenspruit, dans le district de Standerton, ainsi que la « demeure du feld-cornet Bardenhorts sur la ferme avoisinante, « ont été détruits de fond en comble, et que le bétail qui n'a pas « été enlevé à été tué à coups de fusil sur la ferme même.

« Voici en outre une déclaration jurée de Mme Badenhorst « qui est suffisamment claire.

« Je ne saurais croire que de si abominables barbaries aient « eu lieu du consentement de Votre Excellence; c'est pourquoi, « je crois qu'il est de mon devoir solennel de protester très for- « tement contre ces destructions et ces vindictes comme étant « absolument contraires à la guerre civilisée. »

Le plus grand nombre de ces soi-disant outrages ayant eu lieu dans la partie du Transvaal occupée par le général Buller, les plaintes lui furent renvoyées. Il reconnut qu'il avait ordonné la destruction de six fermes.

« Je fus porté à donner des ordres par les circonstances sui- « vantes : Quand nous pénétrâmes dans le Transvaal, je fis

« répandre partout sur ma route la proclamation (A). Notre « marche de Volksrust à Standerton ne rencontra guère d'oppo- « sition. Peu après notre arrivée à Standerton, les fils télégra- « phiques furent coupés plusieurs nuits de suite, et des tenta- « tives furent faites visant la destruction du chemin de fer mili- « taire par la mise en position de cartouches de dynamite pour- « vues de détonateurs. Toutes ces tentatives eurent lieu soit sur, « soit dans le voisinage immédiat des propriétés précitées. Je fis « poster des gardes et il se trouva que ces tentatives n'étaient « point faites par les troupes régulières de l'ennemi, mais par « un certain nombre de bandits qui se réfugiaient pendant la « nuit dans les maisons que je fis détruire par la suite; maisons « d'où ils sortaient pour assassiner nos patrouilles quand l'occa- « sion se présentait, et pour détruire le chemin de fer pendant « la nuit. De plus, j'appris que ces hommes venaient par Var- « kenspruit et s'en retournaient d'ordinaire par là. Je fis porter « par mes hommes des exemplaires de la proclamation (A) dans « chaque maison et je fis avertir les habitants de chacune de ces « demeures que de telles déprédations ne pouvaient être tolé- « rées, et que si ces gens, qui vivaient sous notre protection, « permettaient à ces hommes de se rendre chez eux sans nous « l'apprendre, ils auraient à subir les conséquences et qu'il « nous faudrait détruire leurs demeures. Cet avertissement « amena de l'amélioration pendant un jour ou deux, mais le « 1er et le 2 juillet, les dégâts recommencèrent, et le 7 juillet, « ayant recueilli d'abondantes preuves que ces maisons servaient « continuellement de refuges à l'ennemi, qui ne formait partie « d'aucun commando, et qui de fait n'était qu'une simple troupe « de brigands, je fis détruire les maisons. Les femmes et les « enfants qui habitaient ces fermes furent transportés autre « part, aussi commodément qu'il nous le fut possible. »

Cette fois-ci encore on ne saurait douter que les généraux anglais étaient absolument dans leur droit. Il est vrai que l'article 23 des conventions de la Haye déclare qu'il est défendu de détruire les biens de l'ennemi, mais ajoute cet article : « A « moins que la destruction ne soit impérieusement réclamée par « les besoins militaires ». Or rien n'est plus impérieusement réclamé en temps de guerre que le maintien des communications de l'armée. Une autre partie du même article déclare qu'il est défendu « de tuer ou de blesser traîtreusement des individus

« appartenant à l'armée ennemie. Or, il est incontestable que de se mettre à l'abri d'une ferme sur laquelle flotte le drapeau blanc, afin d'attaquer l'ennemi, c'est bien « tuer ou blesser traîtreuse- « sement ». Ainsi les procédés anglais étaient absolument légaux et même inévitables. La lettre de lord Roberts à De Wet, le 3 août 1900, constate de nouveau et ses intentions et ses raisons :

« Dans ces derniers temps nombre de mes soldats ont été « tués par des coups de fusil partis des fermes sur lesquelles « flottait le drapeau blanc. Les fils télégraphiques et le chemin « de fer ont été coupés et les trains ont été déraillés. J'ai donc « été forcé, après avoir averti Votre Honneur, de prendre les « mesures approuvées par les coutumes de la guerre, pour mettre « fin à ces actes et à d'autres du même genre, et j'ai fait brûler « les fermes dans lesquelles ou près desquelles ces faits se sont « produits. Je continuerai à le faire toutes les fois que le cas « me paraîtra justifier cette conduite.

« C'est Votre Honneur qui peut porter remède à la chose; « j'ai horreur de détruire les propriétés et je serais très heureux « de voir arriver le moment, où, grâce à la coopération de Votre « Honneur, je n'aurai plus besoin de faire détruire des habi- « tations. »

Ceci entraîne la question de la légalité de l'incendie des fermes dans le voisinage d'un endroit où la ligne du chemin de fer a été coupée. La question devint urgente pour moi, lorsque je vis de mes propres yeux de vastes tourbillons de fumée qui s'élevaient au-dessus de six fermes, entre autres celles de De Wet, dans le voisinage de Roodeval. Tout le monde sait que dans la guerre de 1870, — qui est le type classique de la guerre moderne, — les villages et les populations, dans le voisinage d'un dommage infligé à la ligne du chemin de fer, furent rigoureusement punis; mais à cette époque les conventions de la Haye n'avaient point été signées. D'autre part, on peut affirmer qu'il est impossible, si l'on n'a point recours à des mesures disciplinaires de ce genre, de maintenir intact un chemin de fer sur un parcours de plus de 300 lieues à travers un pays hostile ou à moitié hostile; et encore, que ces mesures sont « impérieusement requises par les « besoins de la guerre. » D'autre part, il y a l'article L, qui déclare « qu'aucune punition générale ne saurait être infligée « à une population en vue des actions d'individus dont cette

« population ne peut être considérée comme collectivement res-« ponsable ». Il y a des raisons pour et contre, mais ce qui résoudra toujours la question, c'est la plus forte raison de toutes, celle de la conservation de soi-même. Une armée dans la position où se trouvait l'armée anglaise, qui dépend de ses communications pour obtenir ses vivres, est forcée de maintenir ces communications intactes, même si elle se voit forcée de violer les conventions. De fait l'incendie des fermes n'empêcha pas la destruction du chemin de fer, et ne fit qu'irriter profondément les populations; toutefois un général qui voyait couper ses communications trente fois par mois ne pouvait faire autre chose que renvoyer la question de légalité aux juristes et prendre lui-même les mesures qui semblaient les plus propres à mettre fin aux dégâts. Les punitions furent grièvement injustes dans le cas de certains individus; mais d'autres étaient probablement inculpés.

Le 2 septembre, lord Roberts communiqua ses intentions au général Botha :

« Monsieur,

« J'ai l'honneur de m'adresser à Votre Honneur par rapport « aux opérations des petites bandes de Boers armés qui se réfu-« gient dans les fermes aux alentours de nos lignes de commu-« nication, et de là, s'efforcent de détruire le chemin de fer, « mettant en danger les vies des passagers qui voyagent dans « les trains et qui sont ou ne sont pas des combattants.

« Je suis porté à revenir là-dessus parce que, sauf sur le « territoire occupé par l'armée commandée par Votre Honneur « en personne, il n'y a plus maintenant de corps réguliers de « troupes boers, ni dans le Transvaal, ni dans la Colonie de la « Rivière d'Orange, et que la guerre dégénère en opérations « dirigées par des guérillas irréguliers et irresponsables. Or ceci « entraîne de tels désastres pour le pays et est si déplorable de « toute façon que je suis forcé de faire tout mon possible pour « l'empêcher.

« Les ordres donnés par moi, pour le moment, afin d'at-« teindre ce but, portent que la ferme la plus rapprochée du lieu « où l'on aura essayé d'endommager le chemin de fer ou de « dérailler un train, sera brûlée; que toutes les fermes dans un « rayon de dix-huit kilomètres devront être absolument dénuées « de tout bétail et de tout approvisionnement, etc. »

La légalité de la punition étant admise, il faut avouer qu'elle n'eût pu être appliquée d'une façon plus douce, puisqu'une ferme seulement devait être détruite dans chaque cas; et la confiscation du bétail est assurément justifiée, puisqu'elle devait entraver la mobilité des maraudeurs boers qui chercheraient à se rapprocher du chemin de fer; mais il faut admettre qu'une ferme brûlée chaque fois que le chemin de fer est attaqué entraîne un total formidable quand il y a, en moyenne, une attaque par jour.

J'ai discuté deux des raisons pour lesquelles on incendiait les fermes :

1° Parce que les tirailleurs s'y mettaient à couvert;

2° Pour empêcher la destruction du chemin de fer.

Mais voici une troisième raison : un grand nombre de bourgeois avaient prêté serment de neutralité, et avaient reçu des Anglais la permission de réintégrer leurs fermes. Les commandos qui se battaient encore persuadèrent ou terrorisèrent ces individus, leur firent violer la parole jurée, et quitter les fermes sur lesquelles ils avaient juré de demeurer. Ils avaient donné leurs fermes comme garantie, et lord Roberts en décréta la confiscation. Le 28 août, il annonça sa décision au général Botha.

« Votre Honneur déclare que des familles disposées à être « paisibles et habitant leurs propres fermes, ont été chassées de « leurs demeures, et que leurs biens ont été confisqués ou « détruits. Cela est vrai, sans doute, mais non de la façon dont « votre lettre le donne à entendre. Le fait est que ce sont les « bourgeois qui se sont montrés bien disposés envers le gouverne- « ment anglais et désireux de se soumettre à mon autorité, qui « ont vu confisquer leurs biens par les commandos boers, et qui « ont été menacés de mort s'ils refusaient de prendre les armes « contre les troupes anglaises. Il ne vaut guère la peine de dis- « cuter la déclaration de Votre Honneur, qu'un solennel ser- « ment de neutralité, prêté volontairement par les bourgeois « dans le but de demeurer sains et saufs, et maîtres de leurs « fermes, est nul et non avenu, parce que vous n'aviez pas con- « senti à ce qu'ils le prêtassent. Je punirai donc ceux qui violent « leur serment et je confisquerai leurs biens, car pas un seul « bourgeois n'a été forcé de prêter serment. »

Il est parfaitement clair que le gouvernement boer viola nettement les conventions de La Haye en forçant, en permettant même à ces hommes de rejoindre les commandos. « Dans des

« cas de ce genre,» dit l'article X, « leur propre gouvernement ne « saurait requérir, ni accepter de leur part aucun service incon- « ciliable avec la parole donnée. » Voilà qui est clair quant au gouvernement. Mais le cas des individus est différent. Dans un certain sens la promesse faite par eux dépendait de la protection efficace que leur devait nos troupes; nous n'avions aucun droit de mettre un homme dans une position si terrible qu'il eût à choisir entre la violation de son serment et la mort infligée par ses propres compatriotes. Si nous n'étions pas sûrs de pouvoir les protéger, nous aurions dû, comme nous le fîmes par la suite, les interner dans des camps dûment surveillés; mais si nous préférions les laisser sur la vaste veldt, c'était nous plutôt qu'eux qui étions blâmables, s'ils se voyaient forcés de rejoindre l'ennemi. Ajoutons que même dans ces conditions-là, beaucoup d'entre eux observèrent fidèlement leur serment.

Mais si ces individus ne sont pas plus coupables que nous, comment pouvons-nous justifier l'incendie de leurs demeures? Il me semble, à moi, que ces cas-ci sont très différents de ceux compris dans les deux autres catégories, et qu'il faudrait au moins discuter la question d'allouer des dommages-intérêts à ces malheureux. Je suppose que les nomberux cas, où les mots « en commando », sont mis en marge du nom d'une ferme brûlée, portée sur la liste officielle, veulent dire que le propriétaire a rejoint l'ennemi après avoir donné sa parole. Sans doute il est dur pour lui de voir détruire sa maison dans de telles circonstances, et vu l'état particulier des choses; mais si « en commando » veut dire simplement que l'individu était parti pour remplir son devoir envers la patrie, sans qu'il y ait question de parole, alors notre conscience ne nous permettra jamais de ne point le dédommager.

Ce résumé de la correspondance des chefs permet de suivre le développement des mesures qui, devenant plus rigoureuses, ont excité de si vifs regrets parmi nous. Assurément tant que la guerre fut régulière, la conduite des troupes anglaises fut absolument correcte; mais quand les Boers se mirent à faire la guerre irrégulière et que leur armée se désagrégea et ne constitua plus que des bandes peu nombreuses qui se chargèrent de harceler les lignes de communication, les petits postes et les convois de vivres, un changement analogue se manifesta dans l'attitude des troupes anglaises; et vers la fin de l'année 1900, on poussa fort loin le changement. Certains districts qui avaient été des centres boers, où l'ennemi avait l'habitude de se rallier fréquemment, furent dévastés et détruits. Dans les districts de Kroonstad, Heilbronn, Ventersburg et Winburg, qui rentraient dans cette catégorie, environ cent soixante-dix maisons furent détruites. Le village de Bothaville, qui comptait quarante-trois feux, et qui servait de dépôt à l'ennemi, fut détruit aussi. Dans le Transvaal, le nombre de maisons détruites pour des raisons stratégiques, paraît avoir été bien moindre. Les rapports officiels ne citent qu'une douzaine de cas de ce genre. Tout compris, le chiffre de maisons brûlées pour des raisons qui ne sont peut-être pas très valables, ne dépasse pas deux cent cinquante, les maisons d'hommes en commando rentrant dans cette catégorie.

Franchement ces maisons ne sauraient être classées parmi celles qui furent détruites parce qu'elles servaient à des opérations militaires. Des six cent trente bâtiments reconnus détruits, plus de la moitié avaient été utilisés par des tirailleurs, ou de quelque autre façon tombaient directement sous le coup des règles de la guerre ; mais on ne saurait affirmer que ce fut le cas des autres. Une maison de ferme ordinaire ne revient pas à un prix très élevé ; une petite maison coûte environ cinq cents francs, et une grande quinze cents francs. Prenons la moyenne ; il suffirait donc d'un million et quart pour dédommager les individus qui auraient souffert du conflit des lois de la guerre et du droit des gens. Depuis l'année 1900, sauf dans quelques cas très particuliers, où des mesures de ce genre s'imposaient forcément aux chefs militaires, pas une maison n'a été brûlée. Même lorsque le général French balaya le Transvaal oriental, et le général Blood la région située au nord de la ligne de Delagoa, il ne paraît pas qu'un seul bâtiment ait été détruit, bien que la conduite de la campagne réclamât la saisie dans les fermes de matériel de tout genre afin d'entraver les opérations des commandos. Il est fort pénible d'avoir à détruire les moissons et les troupeaux des Boers, mais après tout ce n'est que leur rendre la pareille, car ils n'ont jamais cessé de détruire les convois de vivres destinés à nourrir nos troupes. Ceux qui entreprennent de faire la guerre de guérillas ne doivent point s'attendre à ce que tout leur profite, et à en éviter eux-mêmes tous les inconvénients. Ce genre de guerre est une épée à deux tranchants, et c'est celui qui le premier y a eu recours qui est responsable des conséquences qu'elle entraîne.

CHAPITRE VII

LES CAMPS DE CONCENTRATION

Du moment que l'on fut obligé de détruire tous les vivres sur de vastes espaces afin d'entraver les opérations des commandos, et qu'un grand nombre de fermes eurent été détruites pour les raisons précitées, il fut clair qu'il était du devoir des Anglais nation civilisée, d'établir des camps de refuge pour les femmes et les enfants, où ceux-ci à l'abri de tout danger, — du moins l'espérions-nous, — pourraient attendre le rétablissement de la paix. On avait à choisir entre trois alternatives :

1° Renvoyer les femmes et les enfants boers chez l'ennemi : impossible du moment que les troupes boers se désagrégeaient et n'occupaient plus de positions fixes;

2° Les laisser où ils étaient;

3° Les accueillir et les soigner de notre mieux.

Il est intéressant de remarquer, que ceux mêmes qui critiquent le plus durement la ligne de conduite que nous suivîmes se montrèrent aussi les plus sévères quand il parut probable que l'on déciderait de laisser les femmes et les enfants où ils se trouvaient; mais la réputation des Anglais eût été perdue s'ils avaient consenti à laisser ces femmes et ces enfants sur la veldt, sans abri et à la merci d'une nombreuse population cafre. Les exagérations de M. Stead même n'eussent guère pu faire empirer les choses. Sur un simple bruit que ce projet allait être adopté, il fit des tableaux des plus émouvants de la dégradation morale et matérielle à laquelle les femmes boers dans le voisinage des camps anglais seraient condamnées. On ne saurait réprouver trop fortement des affirmations de ce genre qui ne sont point soutenues de preuves convaincantes; et pourtant la seule, l'unique preuve qu'avança M. Stead était la simple déclaration d'un journaliste partisan communiquée à un journal partisan. Le journaliste lui-même ne prétend point avoir connaissance du fait. On est révolté quand on songe qu'un écrivain anglais a accusé, sans autre témoignage, ses propres compatriotes d'utiliser la famine pour satisfaire aux passions charnelles. Son langage, tout absurde qu'il est, indique clairement la nature des attaques auxquelles le gouvernement anglais se fût exposé s'il n'avait point établi les camps de refuge. Non seulement il fallait pourvoir d'habitations les familles, dont les demeures avaient été incendiées, mais encore l'on sentait qu'une femme abandonnée dans une ferme isolée au milieu de la population noire, ne pouvait être en sûreté, même si elle ne manquait pas de nourriture. Et puis nous avions appris combien peu l'on pouvait compter sur le serment prêté par les hommes. Nous n'allions plus les mettre en demeure de violer leur serment ou d'être punis par leurs compatriotes. Il est incontestable que l'établissement de camps de refuge s'imposait de toute façon; aussi le gouvernement en établit dans divers centres convenables, surtout à Prétoria, Johannesburg, Krugersdorp, Middelburg, Potchefstroom, Rustenburg, Heidelburg, Standerton, Pietersburg, Klerksdorp et Volksrust dans le Transvaal; à Bloemfontein, Kroonstad, Béthulie, et Edenburg dans l'Etat Libre d'Orange.

Ce n'était point une nouveauté pour les Anglais que ces camps de refuge, car depuis plus d'une année les réfugiés anglais de Johannesburg habitaient des camps absolument pareils, mais comme l'on ne pouvait extraire des questions politiques et de la sensibilité internationale des souffrances qu'éprouvaient ces réfugiés et comme ils supportaient leur dur sort dignement et calmement, on n'a guère parlé de leur condition, qui, sous bien des rapports, est plus terrible que celle des Boers.

Ayant résolu d'établir des camps, les autorités le firent de leur mieux. Les sites semblent avoir été choisis avec soin, et les arrangements, dans la plupart des cas, étaient tout ce qu'il y avait de mieux. Seulement les camps furent établis à un mauvais moment. Le service des vivres était excédé, car il avait à nourrir une armée de plus de 200,000 hommes et il ne disposait que de trois petites lignes de chemin de fer que l'ennemi détruisait continuellement sur de nombreux points. Au mois de janvier 1901 De Wet envahit la Colonie du Cap, et le chemin de fer fut débordé. On vit alors les Anglais faire les efforts les plus désespérés pour nourrir les femmes et les enfants de l'ennemi, tandis que cet ennemi tirait sur les chauffeurs et les mécaniciens, et déraillait les trains qui apportaient les vivres.

Les réfugiés dans les camps se montaient à 20,000 âmes à la fin de l'année 1900; le nombre s'en accrut rapidement et à la fin de 1901 s'élevait à plus de 100,000. Les autorités militaires firent d'immenses efforts pour loger de leur mieux le nombre de réfugiés qui allait toujours en augmentant, et dans ce but elles dépensèrent des sommes énormes.

Dans les premiers mois de l'année 1901, l'Angleterre fut douloureusement impressionnée par le rapport de Mlle Hobhouse, dame anglaise, qui avait été visiter les camps, et dont les critiques étaient fort défavorables; mais son témoignage se trouva fort affaibli par le fait qu'elle était connue pour être l'ennemie jurée du gouvernement. Un de ses propes parents, M. Charles Hobhouse, député radical à la Chambre des Communes, a déclaré depuis que plusieurs des accusations de cette dame ne sauraient soutenir la critique. D'ailleurs, avec la meilleure volonté du monde, les conclusions auxquelles elle aboutissait, ne pouvaient qu'être fausses, car elle ne pouvait guère parler le hollandais, elle ne connaissait pas le caractère des Boers et elle ignorait parfaitement les conditions de la vie dans l'Afrique du Sud.

Ses accusations, en somme, se réduisaient à ceci : que la nourriture, la literie et l'eau n'étaient point fournies en quantités suffisantes; que la sanitation était mauvaise; qu'il y avait trop de personnes dans le camp, et que la mortalité était excessive, surtout parmi les enfants.

Quant à la nourriture, le menu qu'elle donne s'accorde à peu près avec les menus cités officiellement comme étant en vigueur au camp d'Irène, près de Prétoria, au mois de juillet. Le voici :

Viande	240	grammes
Café	60	—
Farine	360	—
Sucre	60	—
Sel	15	—

Plus une bouteille de lait pour chaque enfant ayant moins de six ans. Avouons que c'était assez maigre, et que le menu était susceptible d'être augmenté dès que les vivres abonderaient. Toutefois, les réfugiés avaient faculté d'acheter des vivres, et il existe des fonds considérables, en dehors des fonds militaires, auxquels les Anglais eux-mêmes ont souscrit largement et dont on se servit pour augmenter les rations.

Dans le commencement on fit une légère différence entre la quantité de vivres allouée aux familles qui s'étaient rendues, et à celles dont les chefs portaient encore les armes contre nous. Assurément une telle différence est logique, mais on abandonna vite cette mesure, que l'on sentait être dure et peu chevaleresque.

Quant aux défauts sanitaires le témoignage général c'est du Sud, qui malheureusement, en a toujours trop ou trop peu. On réussit maintenant à vaincre cette difficulté par le creusement de puits artésiens et par une meilleure organisation; mais les camps de nos propres réfugiés ont souffert et souffrent encore du manque d'eau tout autant que les camps de réfugiés boers.

Quand aux défauts sanitaires le témoignage général c'est qu'ils sont dus aux habitudes des réfugiés, habitudes que combattent sans cesse les chefs et les médecins. Du moment que les personnes qui habitent un camp négligent la propreté, le camp doit fatalement devenir malsain. Les rapports des médecins sont tous remplis de preuves de la grande difficulté qu'on éprouve à soumettre à la discipline des gens accoutumés à jouir d'une pleine et entière liberté sur la veldt. Quant à la question du trop grand nombre de personnes refoulées ensemble, il faut se rappeler que le nombre de tentes qu'il a fallu expédier dans l'Afrique du Sud a dépassé toutes les bornes, et il n'est pas étonnant que les autorités aient éprouvé beaucoup de difficultés à loger des foules de femmes et d'enfants; d'ailleurs depuis la date du rapport de Mlle Hobhouse on a porté remède à ce mal. Tout le monde sait parfaitement que les Boers, chez eux, non-seulement ne font aucune difficulté à s'empiler dans une chambre, mais encore que les habitants des fermes boers sont accoutumés à un état de choses que peu de personnes pourraient supporter. Il est presque impossible, au point de vue hygiénique, de trop remplir une tente, car l'air ne s'y vicie jamais de la même façon que dans une chambre.

Toutes ces mesures sont des mesures humaines, et les autorités faisaient de leur mieux pour améliorer la situation, ainsi que l'avoue Mlle Hobhouse elle-même. « Je suis d'avis, disait-« elle, que les autorités font de leur mieux, vu le peu de moyens « dont elles disposent. » Cette déclaration contredit tout son rapport, car si les autorités faisaient de leur mieux, quels reproches pouvait-on leur adresser? Il n'y avait alors qu'à lever le camp et à disperser les femmes, mais dans ce cas-là, M. Stead nous guettait, et nous flanquait une de ces feuilles « Enfer et Sang, » dans laquelle il racontait le sort terrible qui attendait ces femmes abandonnées sur la veldt. On n'avait guère de choix, et des deux j'aime encore mieux Mlle Hobhouse et les griefs précis qu'elle rapporte, que les infinies possibilités de M. Stead. Quant à la proposition de cantonner cette foule énorme de femmes et d'enfants chez leurs compatriotes de la Colonie du Cap, elle est tout simplement absurde; d'ailleurs leurs braves compatriotes se sont bien gardés d'offrir l'hospitalité sur une si grande échelle, et nous autres Anglais nous n'avons pas le moyen de la leur imposer.

Nous en venons maintenant à la grande et pitoyable tragédie des camps de refuge, et surtout à la mortalité parmi les enfants. Elle est déplorable ; plus déplorable même que la mortalité parmi les enfants à Mafeking, à Ladysmith et à Kimberley. Etait-il possible de l'éviter, ou était-elle, comme l'épidémie d'entérite qui a emporté tant de soldats anglais, un fléau contre lequel la science moderne est encore impuissante et qu'il faut supporter avec une triste résignation? La nature de la maladie qui a surtout été responsable de cette terrible mortalité, prouve qu'elle n'a aucun rapport immédiat avec les conditions hygiéniques des camps, ni avec aucune chose qu'il fût en notre pouvoir d'améliorer. Si cette mortalité avait été causée par quelque maladie provenant de la saleté, ainsi que le typhus ou même l'entérite ou la diphtérie, on aurait pu en rendre responsables les autorités chargées de la sanitation des camps ; mais cette forte mortalité fut la conséquence d'une dangereuse épidémie de rougeole. Que cette épidémie ne se produisît pas, l'état de santé des camps était très satisfaisant. Or l'on sait que la rougeole, une fois qu'elle attaque les enfants, frappe toute une communauté sans égard à la nourriture et aux conditions de la vie. La seule chance de l'arrêter c'est d'isoler le malade, et pour arriver de suite à faire cela il faut que les parents consentent. Mais dans le cas en question, l'instinct maternel des mères boers les portait à refuser de se séparer de leurs enfants, et compliquait la difficulté qu'éprouvaient les médecins à séparer les enfants des familles dès que la maladie se faisait voir. Conséquemment l'épidémie se propagea rapidement, et fut d'autant plus mortelle que les petits malades étaient affaiblis par les privations inévitables qu'ils avaient eu à supporter pendant le trajet de leur demeure jusqu'au camp. Non seulement les mères contribuèrent ainsi à répandre la maladie, mais, grâce à leur zèle ignorant, elles faisaient souvent usage de remèdes aussi funestes que le mal lui-même. Les enfants mouraient empoisonnés par l'arsenic, vernissés de la tête aux pieds de couleur verte; d'autres succombaient au poison de l'opium, leurs mères leur administrant des drogues contenant du laudanum. « A Potchefstroom, comme à Irène, rapporte le docteur Kendal Franks, c'est surtout à l'ignorance, « à l'obstination et aux sales habitudes des parents qu'il faut « attribuer la mortalité plutôt qu'à la gravité de l'épidémie ». Mais quelle que fût la cause immédiate de la mort de ces nombreux enfants, ces morts pèsent lourdement, non sur la conscience, mais sur la sensibilité de notre nation. Nous nous consolons quelque peu en nous rappelant que la mortalité normale chez les enfants est étonnamment forte dans l'Afrique du Sud, et que dans les camps elle était souvent à peu près la même que dans les villes avoisinantes.

Néanmoins, nous ne cherchons point à nier que ce fut le rassemblement de femmes et d'enfants dans les camps de refuge qui fut la cause de cette épidémie. Alors pourquoi les rassembler dans ces camps? — Parce qu'on ne pouvait les laisser sur la veldt. — Mais pourquoi ne pouvait-on les laisser sur la veldt? — Parce que nous leur avions enlevé les moyens de subsister. — Et pourquoi les leur avions-nous enlevés? — Pour restreindre les opérations des bandes mobiles de guérillas. Car à la fin de toute tragédie, on est forcé d'en revenir à son origine, et il faut bien se rendre compte que la nation qui s'obstine à continuer une guerre parfaitement inutile fera sans doute beaucoup de mal à l'ennemi mais entraîne fatalement sa propre ruine.

Nous avons poussé l'humanité si loin, par rapport à ces préjugés, que nous avons soigné nos ennemis infiniment mieux que nos propres amis. J'avoue que le cas n'est pas absolument semblable, parce que les Boers sont forcés de rester dans les camps, tandis que les réfugiés anglais ne le sont pas, mais le fait est indéniable que les loyalistes vivent actuellement dans des camps sans qu'il y ait eu faute de leur part et qu'ils y sont dans un plus mauvais état que nos ennemis. A East-London, par exemple, il y a deux camps de réfugiés : l'un anglais, l'autre boer. Il y a 350 personnes dans le camp boer et 420 dans le camp anglais. Les Boers sont mieux nourris, mieux vêtus et ont de meilleures demeures; ils ont un hôpital, une école et une buanderie, tandis que les Anglais n'ont rien de tout cela.

Au Port Elisabeth se trouve un camp boer. Une députation hollandaise s'y rendit, emportant une somme de 1,250 francs destinée à améliorer l'état des réfugiés. La députation s'en retourna sans avoir dépensé un sou, pour la simple raison que les Boers ne manquaient de rien. Au Port Elisabeth le fournisseur est le même pour les réfugiés boers et les réfugiés anglais. Il reçoit 1 fr. 56 par tête et par jour pour les Boers, et 80 centimes par tête pour les Anglais. Et voilà ce qu'on appelle la barbarie anglaise!

Je voudrais maintenant citer quelques opinions exprimées par des Anglais d'un côté et des Boers de l'autre. Je n'ai entendu parler que d'une seule Anglaise qui fût de l'avis de Mlle Hobhouse; c'est une dame anonyme dont les vues sont exposées dans l'appendice de l'ouvrage de M. Methuen : « *La Paix ou la Guerre.* » Elle exprime à peu près les mêmes opinions que Mlle Hobhouse, et elle insiste surtout sur l'insuffisance de la nourriture, du chauffage et de la literie. Par opposition aux opinions de ces deux dames, je résume brièvement les déclarations de témoins appartenant aux deux nations.

M. Seaton, de Johannesburg, secrétaire de l'église congrégationnelle et du camp boer, dit : — « Les rapports que vous nous « avez envoyés nous remplissent d'indignation. Ils sont abomi- « nablement exagérés, et, sous bien des rapports, ils ne sont pas « seulement entachés d'erreur mais absolument faux... Il serait « difficile de trouver un endroit plus sain... Il n'est pas vrai que « les réfugiés soient entassés les uns sur les autres. Il y a quelques « semaines qu'une épidémie de rougeole, d'un caractère très « grave, sévit dans le camp, et naturellement beaucoup d'enfants « périrent. Le médecin et les infirmières travaillèrent sans re- « lâche, et je suis fort heureux de vous apprendre que nous avons « complètement arrêté l'épidémie. C'est là, sans doute, ce qui a « donné lieu au bavardage des boerophiles dans la Chambre des « Communes et ailleurs; l'épidémie était de celles que l'on ne « saurait éviter quand on a affaire à des gens tels que ceux que « nous avons ici. Ils méprisent absolument toutes les règles de « l'hygiène, et les fonctionnaires ont éprouvé les plus grandes « difficultés lorsqu'ils ont voulu les faire obéir aux règles les « plus simples de la propreté. Une autre difficulté que nous avons « eu à surmonter c'était la difficulté de les persuader d'apporter

« leurs enfants malades à l'hôpital, qui est pourvu de tous les con-« forts possibles. Ils aiment mieux désobéir aux médecins et em-« ployer des remèdes de charlatan qui, ainsi que vous le savez, « sont beaucoup employés par ces gens. La position du médecin « a été des plus pénibles; il a travaillé dur. C'est la rougeole qui « a été la cause de presque toutes les morts. L'hiver est assez doux ; « il a fait très froid il y a environ trois mois, mais les réfugiés sont « accoutumés à la vie en plein air, et ils ne se sont pas trouvés plus « mal que chez eux. Toutes les tentes sont des tentes militaires « et parfaitement imperméables ; ils réclament tous des tentes « dès qu'ils arrivent, s'il est possible d'en avoir. Somme toute, « nos réfugiés sont contents et les enfants sont heureux; ils gam-« badent et jouent du matin jusqu'au soir. »

Le révérend M. Rogers, pasteur wesleyen, écrit ainsi qu'il suit : — « Je ne vois pas pourquoi des gens qui ne savent absolu-« ment rien de la vie et des habitudes des Boers se mettent en tête « de venir faire des enquêtes dans le camp des réfugiés boers. Je « les ai vus, moi, les réfugiés, et j'affirme que la plupart d'entre « eux sont mieux casés, mieux vêtus et mieux nourris qu'ils ne « l'étaient dans leurs propres demeures, construites de joncs et « de terre et planchéiées de boue. »

M. Howes, des *Camp Soldiers' Homes*, dit : — « Nous ne « jugeons pas; nous ne faisons que constater les faits. Quand le « premier camp de concentration fut établi nous étions sur les « lieux, et nous en avons vu établir d'autres encore. Nous admet-« tons qu'il y a eu des souffrances, mais nous déclarons solennel-« lement que les officiers chargés du commandement des divers « camps que nous connaissons, ont fait tout leur possible pour « rendre les malheureux réfugiés aussi confortables que pos-« sible. Nous avons vu nous-même les colis et les ballots énormes « contenant des conforts pour les réfugiés, et nous savons qu'afin « de hâter l'envoi de ces colis, l'envoi des fournitures militaires « et de l'artillerie a été retardé. »

Le révérend R. B. Douglas, pasteur presbytérien, dit : — « Je « suis content de voir que vous n'ajoutez point foi aux récits et aux « contes de brutalité et de cruauté infligées aux réfugiés boers, « que circulent librement de déloyaux agitateurs. Mais il vaut la « peine d'insister sur l'un des points sur lequel vous demandez « de plus amples renseignements, c'est-à-dire la façon dont « sont traitées les familles d'hommes encore sous les armes

« d'une part, et les familles des autres individus d'autre part. Je « puis affirmer positivement que l'unique différence qui existait « se montait à 60 grammes de café et 120 grammes de sucre « par semaine, et qu'au milieu du mois de mars on abolit « même cette petite différence. Par contre, le comité hollandais « chargé d'effectuer la répartition d'une soixantaine de caisses de « vêtements et d'autres objets envoyés par des personnes chari- « tables, refusa de secourir d'aucune façon un certain nombre « de familles dont les chefs n'étaient pas sous les armes, et affirma « que les dons qu'il était chargé de distribuer n'étaient que pour « ceux qui combattaient pour la patrie. »

Mme Gauntlett, de Johannesburg, dit : — « J'ai lu les ex- « traits des journaux anglais que vous m'avez envoyés, qui « portent sur les mauvais traitements que l'on affirme être in- « fligés aux familles des réfugiés boers. Je suis on ne peut plus « surprise de voir qu'il y a des hommes assez infâmes pour ré- « péter de tels mensonges et d'autres assez crédules pour y « ajouter foi. Les Allemands, les Français, les Américains, « même beaucoup de Hollandais qui sont sur les lieux, sont « d'avis que la longanimité et l'étonnante libéralité dont le gou- « vernement anglais a fait preuve envers les ennemis, pro- « longent la guerre. Une jeune fille hollandaise, dans le camp « de Prétoria, déclara à l'infirmière que depuis sept mois elle « n'avait pu obtenir une nourriture aussi bonne que celle que « les Anglais leur distribuent.

M. Soutar, secrétaire du camp de Prétoria écrit : — « Les « femmes et les enfants boers reçoivent toute la nourriture dont « ils ont besoin, et toutes sortes de conforts médicaux, tels que « bouillon de bœuf, jus de viande, gelées, cognac et vin, et ils « ont l'avantage d'être soignés par des employés parfaitement « capables. Non seulement on veille à ce que leurs besoins soient « satisfaits, mais on cherche même à satisfaire leurs manies. »

M. Scholtz, inspecteur des camps dans le Transvaal, rap- porte : — « Un grand nombre des enfants, à leur arrivée au camp, « n'avaient guère que la peau et les os, et vu leur maigreur « il n'est pas surprenant que lorsqu'ils eurent la rougeole ils ne « purent y résister. Un grand nombre de femmes s'obstinaient à « ne pas ouvrir leurs tentes pour laisser entrer l'air, et au lieu « d'administrer à leurs enfants les médecines convenables four-

« nies par les autorités, elles préféraient leur faire prendre des « drogues à elles. Elles ne voulaient pas laver les enfants, et l'on « éprouva la plus grande difficulté quand on essaya de leur faire « envoyer les malades à l'hôpital. La raison de la forte mortalité « parmi les enfants malades de la rougeole c'est que les mères « laissent sortir les enfants dès que l'éruption a disparu, et natu- « rellement les fluxions de poitrine et les bronchites arrivent au « galop. Une autre raison c'est que les mères veulent absolument « nourrir leurs enfants de viande et autres aliments indigestes, « même lorsque les médecins l'ont rigoureusement défendu. Le « résultat fatal c'est le décès de la plupart. L'état de santé du « camp est satisfaisant. Nous n'avons qu'un seul cas de typhoïde « sur 5,000 réfugiés. »

Voyons maintenant le camp de Krugersdorp :

Johannesburg, le 31 juillet (Service spécial de Reuter.) — « Le commandant Alberts, commandant les Boers près de Kru- « gersdorp, a envoyé une lettre au commandant des troupes « anglaises à Krugersdorp, déclarant qu'ayant avec lui en com- « mando plusieurs familles dont les mâles se sont rendus récem- « ment, il désire savoir si le commandant anglais consent à « recevoir ces familles, qui demandent à aller à Krugersdorp. « Le commandant anglais a répondu qu'il les recevrait avec « plaisir, et on attend ces familles aujourd'hui même. » Le fait que les Boers eux-mêmes prennent l'initiative prouve claire- ment que les familles elles-mêmes n'hésitent plus à se rendre dans les camps de réfugiés, où l'on fait tout pour qu'elles soient confortables, et qu'elles n'hésitent pas à se placer sous notre protection et sous nos soins.

De l'agent de Reuter à Springfontein : — « J'ai visité au- « jourd'hui le camp des réfugiés boers dans ces lieux. Il com- « prend 2,700 réfugiés. Le camp est admirablement situé et « fort bien disposé. Je me suis entretenu avec plusieurs réfu- « giés, et je n'ai pas entendu la moindre plainte. Ils sont tous « satisfaits de la façon dont on les traite. L'installation de l'in- « firmerie est excellente, et il y a très peu de malades dans le « camp. »

M. Celliers, pasteur hollandais d'Aberdeen, Colonie du Cap, envoyé avec mission d'inspecter le camp des réfugiés au Port-Elisabeth, « écrit dans le but de prouver que le gouvernement fait

« tout son possible pour secourir les exilés et pour prouver que « quoique les parents et les amis de ces exilés tiennent encore « la campagne, les autorités sont miséricordieuses et bienveil- « lantes envers les exilés, ne faisant preuve d'aucune hostilité, « ce dont les exilés sont bien reconnaissants. Il a donné à « entendre aux réfugiés qu'ils étaient libres de lui parler en « particulier, et qu'il avait donc l'occasion d'entendre leurs « plaintes s'ils en avaient à faire. M. Hess, ayant pleine con- « fiance en sa loyauté, lui permit de parcourir le camp, et il « est convaincu que si les réfugiés avaient eu lieu de se plaindre « ils le lui auraient dit. Il a toujours été d'avis que les autorités « militaires n'ont envoyé les exilés au Port-Elisabeth que dans « le but de les mettre en sûreté ; qu'elles leur ont sauvé la vie, « que la concentration avait été un bienfait pour eux, et que « tous le reconnaîtraient plus tard. »

M. le chef de bataillon *(Major)* Harold Sykes du 2e dragons, témoigne ainsi qu'il suit :

— « Il fut chargé d'établir le premier camp de concentra- « tion pour les réfugiés, et quand il partit ce camp contenait « environ 6,000 femmes et enfants. Toutes les accusations de « cruauté et d'inhumanité n'étaient que de viles calomnies. « Bien plus c'étaient de sales et méprisables inventions. Le plus « grand nombre et des femmes et des enfants réfugiés étaient « beaucoup plus confortables qu'ils l'avaient jamais été aupara- « vant. La seule chose qui leur semblât cruelle c'était que les au- « torités réclamaient à tout prix la propreté et l'obéissance au « règlement sanitaire, chose que les Boers redoutent par-dessus « tout parce qu'ils n'y sont pas faits. Il avait vu fonctionner « les camps, et il était à même de nier formellement toutes les « abominables accusations récemment portées contre nous dans « des assemblées politiques et dans la Chambre des Communes. »

Le 1er novembre, un officier du camp de Kroonstad écrit : — « Nous les avons pourvus de jeux de cricket, de paume et de « croquet, et ils sont joliment bien traités. Outre d'autres amu- « sements ils ont la musique militaire deux fois par semaine, « et l'autre jour ils ont monté un concert eux-mêmes. »

Et voilà ce que M. Stead appelle « mettre à mort par une « lente torture toutes les femmes et tous les enfants que nous

« avons emprisonnés derrière les fils de fer à pointes de nos « camps de prison! »

La cause qu'il faut soutenir d'une telle façon est-elle une cause juste?

Entendons maintenant quelques témoins boers :

Le commandant Alberts écrit ainsi qu'il suit :

« M. le chef de bataillon *(Major)* Walker, à Boksburg : — « Monsieur, je tiens à vous remercier, vous et les autres officiers « à Boksburg, du fond de mon cœur des grandes bontés dont vous « avez fait preuve envers ma femme, et du message que vous « m'avez fait parvenir; et j'espère pouvoir une fois ou l'autre « vous prouver ma reconnaissance.

« Puissions-nous être épargnés et nous rencontrer en per« sonne.

« J'ai l'honneur de me souscrire votre serviteur. »

« *Signé :* H. ALBERTS, commandant. »

Un pasteur hollandais écrit au capitaine Snowden, commandant le camp de réfugiés boers à Johannesburg :

— « Monsieur, je suis chargé par le Comité des Eglises ré« formées hollandaises d'ici, de vous faire savoir combien le Co« mité apprécie le sympathique et tendre intérêt que vous pre« nez au sort des femmes et des enfants qui vous sont confiés. »

Cent réfugiés boers (hommes) au camp de Kroonstad, signent la déclaration suivante :

« Nous désirons de plus remercier chaudement Votre Excel« lence de l'intérêt que vous prenez à l'éducation de nos enfants, « et nous espérons que vos efforts seront couronnés de succès, et « que la jeune génération apprendra à craindre Dieu et à devenir « des citoyens honnêtes et loyaux sous le drapeau anglais. Nous « regrettons toutefois, d'avoir à ajouter que, malgré les efforts « de notre digne surintendant et des médecins, efforts que nous « apprécions hautement, il y a encore un grand nombre de « morts et de cas de maladies chaque jour dans ce camp, et nous « espérons que Votre Excellence fera tout son possible pour amé« liorer la santé du camp.

« Nous espérons que les efforts que fait notre digne surinten-

« dant en vue d'assurer notre bien-être seront appréciés par « Votre Excellence. Nous sommes heureux de constater que le « sentiment de loyauté s'accroît de jour en jour dans notre « camp, et que le plus grand nombre des réfugiés ont prêté ser- « ment d'allégeance. »

M. Dudley Keys, bourgeois qui avait mis bas les armes, écrit à son frère : — « Voici plus de sept mois que je suis dans ce « camp; assez longtemps, n'est-ce pas? pour avoir le temps de « réfléchir, ce que facilite grandement d'ailleurs la monotonie « de notre vie. Vous ne sauriez vous rendre compte combien « nous désirons la paix, ni le dégoût et l'impatience que nous « inspirent les efforts que font les boerophiles, ainsi qu'on les « appelle, pour détourner le cours naturel et inévitable des évé- « nements. Vous ne serez point étonné d'entendre un ancien ré- « publicain hollandais parler ainsi, si vous tenez compte du fait « que nous savons parfaitement bien que nous fûmes les agres- « seurs, et que ce sont nos hommes d'Etat qui sont responsables « du mauvais état dans lequel nous nous trouvons. Naturelle- « ment, il y a un grand nombre de Boers qui ne réussiront ja- « mais à voir les choses sous ce jour; mais il va sans dire que « c'est là le résultat non de la réflexion mais d'une profonde igno- « rance. Lorsque Mlle Hobhouse était ici, je l'ai souvent vue oc- « cupée à se faire mettre dedans ou à se mettre dedans elle-même. « Nous avons parmi nous des femmes prêtes à lui faire des contes « à dormir debout, pour tirer d'elle une robe ou une paire de bot- « tines. Si Mlle Hobhouse connaissait nos compatriotes, hommes et « femmes, aussi bien que moi, elle n'aurait pas eu un long rap- « port à faire. A présent le gouvernement anglais envoie une « commission. Eh bien, quand les commissaires verront les « femmes et les enfants dans le camp, ils les plaindront; mais « n'importe qui les plaindrait! Si seulement les commissaires « veulent bien se rappeler que c'est la guerre et non pas une « partie de campagne, ils pourront dire au peuple anglais, à « leur retour, que ce que nous voulons c'est la paix, et autant « de paix que possible. »

Et il ajoute :

« Malgré le manque de reconnaissance dont nos gens font « preuve, les autorités continuent à faire des améliorations et à « diminuer les souffrances. Cela entraîne d'énormes dépenses,

« ainsi que vous pouvez vous en convaincre par les chiffres « publiés fréquemment par les journaux anglais. Quand j'en- « tends nos gens murmurer, je me demande souvent quelle eût « été la façon dont ils auraient traité les Anglais, si les rôles « eussent été renversés, et je suis forcé d'avouer qu'elle n'eût « point rivalisé avec le traitement qu'on nous accorde. »

Une femme boer, écrivant de Pietermaritzburg, dit :

« Ceux qui se plaignent sont des menteurs, car nous sommes « très confortables. »

Et dans une autre lettre, elle dit :

« Je n'ai pas la moindre plainte à faire. »

Mme Blignant, écrivant du camp au Port Elisabeth, dit :

« Si nous nous plaignions, nos plaintes seraient fausses, et « d'après ce que je puis apprendre, les histoires de mauvais trai- « tements sont mensongères. »

Parmi les femmes soignées dans ce camp il y en avait une, venue de Jagersfontein, qui se vantait, et sans mentir, celle-là, d'avoir tué à coups de revolver deux soldats anglais désarmés.

Ce sont là des témoignages qu'il importe de mettre en regard du rapport de Mlle Hobhouse et de la dame anonyme de Prétoria. Il est juste d'avouer que certains camps pouvaient prêter à la critique plus que d'autres, et que, ainsi que l'on devait s'y attendre, l'amélioration s'y produisit avec le temps. Mais je ne saurais croire qu'aucun homme doué d'impartialité soit capable de lire les témoignages sans se rendre compte que le gouvernement anglais faisait de son mieux, malgré des circonstances des plus défavorables, pour mener à bien le projet le plus humain possible, et que toute autre façon de trancher la question eût entraîné des conséquences révoltantes pour une nation civilisée.

Vers la fin de l'année 1901, on tenta de diminuer la mortalité dans les camps en transportant ceux-ci sur les côtes. Ce qui compliquait la difficulté de mettre ce projet à exécution, c'était le fait qu'un grand nombre de réfugiés ne voulaient à aucun prix quitter leur pays, et qu'effectivement, ils n'avaient consenti à faire partie des réfugiés qu'à la condition qu'ils ne seraient point tenus de s'expatrier. Ceux qui y consentirent furent transportés sur les bords de la mer, et les camps à East London, au Port Elisabeth et à Merebank, près de Durban, virent s'accroître énormément le nombre de leurs habitants. « Il ne faut pas hésiter devant les frais, » dit M. Chamberlain dans une dépêche officielle. Dans le Livre Bleu (*Blue Book*) — Cd. 853 — nous voyons lord Milner et M. Chamberlain discuter tous les moyens possibles de diminuer la mortalité et d'augmenter le bien-être des réfugiés.

Il est juste d'ajouter que le portrait d'un enfant horriblement amaigri a été reproduit sur le continent et en Amérique comme preuve des horreurs positives du système de concentration. Il n'est que trop probable qu'il y a beaucoup d'enfants émaciés dans les camps, car c'est d'ordinaire dans cet état qu'ils y arrivent. Mais je tiens de source sûre que la photographie en question fut faite par ordre des autorités anglaises pour être ajoutée au dossier dressé contre la mère, mise en jugement pour mauvais traitements infligés à l'enfant. Ce fait est absolument caractéristique, et met en lumière la tactique éhontée adoptée dès le début de la guerre dans l'intention d'empoisonner les esprits et de susciter des ennemis à l'Angleterre.

CHAPITRE VIII

LE SOLDAT ANGLAIS DANS L'AFRIQUE DU SUD

Lord Roberts voulant exprimer en quelques mots la conduite des soldats qu'il avait commandés, déclara qu'ils s'étaient conduits en gentilshommes (*gentlemen*). Je suis convaincu que cette appréciation n'est nullement exagérée, et qu'une fois la vive animosité excitée par la guerre disparue, les Boers eux-mêmes en reconnaîtront la vérité. Les troupes ont eu parfois à faire de vilaine besogne, car la guerre de guérillas entraîne nombre de choses haïssables, mais les officiers et les simples soldats ont amoindri et adouci la dureté de la guerre toutes les fois que cela leur a été possible; néanmoins ils ont été calomniés de la façon la plus abominable par certains politiques en Angleterre, et par les ignorants et les méchants à l'étranger. Analysons donc les témoignages de part et d'autre.

Nombre d'attachés militaires accompagnèrent notre armée; dans tout ce qu'il a été publié de leurs rapports, pas un seul n'a dit mot contre la discipline de nos soldats. M. le capitaine Slocum, l'attaché militaire américain, écrit de Bloemfontein : « Les Anglais ont été trop miséricordieux, et je suis d'avis que « si des mesures plus rigoureuses avaient été prises lors de « l'entrée de l'armée dans cette capitale et que si l'ennemi avait « été chassé à fond, la durée de la guerre eût été de beaucoup « abrégée. »

L'attaché militaire français dit : — « Ce que j'ai le plus « admiré dans le cours de la campagne, c'est la conduite de vos « soldats, qui ont eu à marcher et à se battre tous les jours, dans « un pays peu intéressant : brûlés le jour, gelés la nuit, privés

« de boisson et de femmes. Il n'y a pas d'autres soldats en « Europe qui ne se fussent révoltés bien vite. »

Il y avait nombre de correspondants des journaux étrangers qui suivaient l'armée. Le seul correspondant français, M. Carrère, du « *Matin* », était un ardent champion des Boers. Pour s'en convaincre on n'a qu'à lire son livre « En pleine Epopée ». Il déteste notre politique et nos hommes d'Etat et il note tous les défauts de notre armée, mais dans tout son livre, il ne sait que louer les braves troupiers et leurs chevaleresques officiers.

Il y avait trois correspondants américains, il se peut qu'ils fussent plus nombreux, mais j'en ai connu trois : MM. Julian Ralph, James Barnes et Unger. Les deux premiers furent fortement impressionnés par l'humanité et la discipline dont les troupes firent preuve, quoique, si je ne me trompe, M. Ralph fût de l'opinion de M. le capitaine Slocum, que parfois elles portaient l'humanité et la discipline trop loin. Les impressions de la guerre qu'a publiées M. Unger insistent aussi là-dessus. Ainsi ces témoins impartiaux sont de fait unanimes.

Je n'insisterai pas sur les opinions exprimées par les correspondants de notre propre nationalité. J'ai l'avantage de les connaître presque tous, et quoiqu'ils comptent parmi eux plusieurs messieurs qui ressentent une sympathie chevaleresque et idéale pour les Boers, je ne me rappelle pas avoir jamais entendu un seul d'entre eux citer un seul fait dans la conduite de nos soldats qui l'ait froissé.

Qu'on me permette d'ajouter mon propre témoignage. Je me rendis dans l'Afrique du Sud plein d'une profonde sympathie envers les Boers personnellement et convaincu que je trouverais les soldats en campagne très différents de ce qu'ils sont en temps de paix. Je passai trois mois à Bloemfontein, de 10 à 30,000 hommes étant, durant cette période, campés autour de la ville; pendant tout ce temps je n'en vis pas un seul qui fût ivre. Je n'ai vu qu'un seul homme ivre pendant le court séjour que je fis à Prétoria d'abord et à Johannesburg plus tard. J'ai entendu parler d'un soldat qui avait frappé un Boer parce que celui-ci avait refusé de se découvrir à l'enterrement d'un camarade du soldat. Non seulement, je n'ai jamais eu connaissance d'un seul attentat, mais dans le cours de beaucoup de conversations confidentielles avec des officiers, jamais il ne m'en fut indiqué un seul. J'ai vu vingt prisonniers boers cinq minutes après qu'ils avaient été pris. Que faisaient nos soldats? Ils leur donnaient des cigarettes.

Pendant tout le temps que j'ai été en Afrique, je n'ai entendu parler que de deux viols, les coupables étant tous deux des Cafres, et le crime fut promptement puni par l'armée.

Mlle Hobhouse s'est trouvée en relations avec un grand nombre de réfugiés qui naturellement étaient très durs envers nous, et elle ne s'est pas fait faute de rapporter ce qu'on lui a raconté. Pas un seul ne lui souffla mot d'attentats à la personne des femmes ou de viols; elle rapporte qu'un soldat ivre donna un coup de pied à une femme, mais, ajoute-t-elle, il fut immédiatement puni.

Un réfugié au camp de Springfontein, M. Maltman, de Philippolis, écrit : « Toutes les femmes boers dans ce camp parlent « dans les termes les plus élogieux de la façon dont elles sont « traitées par les soldats. »

Et la femme d'un bourgeois, Mme Van Niekierk :

« Veuillez me permettre de témoigner de l'admirable façon « dont les femmes et les enfants hollandais sont traités par les « troupes anglaises. Femme d'un bourgeois du Transvaal, j'ai « vécu à Krugersdorp depuis 1897 jusqu'il y a trois semaines. « La ville fut prise au mois de juin, et depuis lors il y a « toujours eu un assez grand nombre de soldats dans la ville ou « tout près; voire même, il y en a eu plusieurs fois 10,000 ou « plus, appartenant à beaucoup de régiments différents : anglais « écossais, irlandais et coloniaux.

« Les rues et les quelques magasins qui restent ouverts étaient « alors bondés de soldats, et même lorsque la ville était très tran- « quille, il y en avait toujours un grand nombre. Tout d'abord « les femmes avaient peur, mais elles apprirent bien vite qu'elles « pouvaient se promener aussi librement que d'ordinaire sans « crainte d'être insultées. Pendant ces six mois entiers, je n'ai ni « vu, ni entendu parler d'un seul cas du moindre manque de « respect aux femmes. Les officiers et les hommes se montrèrent « sans cesse respectueux envers les femmes et très bons envers « les enfants.

« Au mois de juillet, un détachement de Gordon Highlanders « campa sur la veldt devant ma maison, qui est presque isolée « de la banlieue. Mon mari était absent pendant ce temps-là, et « j'étais seule avec mes jeunes enfants. Les feux de bivouac les « plus proches étaient à peine à dix mètres de ma porte, mais ja-

« mais je n'ai eu le moindre ennui, et rien ne fut pris, pas même « une branche de bois mort.

« Il me serait facile de citer nombre d'autres exemples, mais « à quoi bon? J'avoue que si je ne l'avais pas vu de mes propres « yeux, il m'eût été impossible de croire qu'une armée victorieuse « pût se conduire avec tant d'humanité et de bienveillance sur le « territoire des gens qui en ce moment-là la combattaient, et si « c'est ainsi que se conduisaient les soldats de Krugersdorp — et « notez je vous prie, que pendant les six derniers mois leurs « faits et gestes n'eussent pu être critiqués ouvertement — est-il « croyable qu'ils se conduisent dans d'autres endroits d'une façon « entièrement différente.

« Veuillez agréer, etc. »

Voilà le témoignage d'une femme; voyons maintenant celui d'un homme, d'un vieux bourgeois, placé de façon à avoir toutes les facilités possibles pour étudier la conduite des troupes anglaises. « Permettez-moi de déclarer une fois pour toutes que pen- « dant toute la durée de la guerre, tous les officiers anglais, — « et nous avons été visités par un grand nombre d'entre eux, de « tout grade, — que tous les officiers anglais, dis-je, nous ont « traités avec la plus grande bonté et avec la plus grande cour- « toisie ; ils savaient parfaitement cependant que j'étais un bour- « geois et que plusieurs de mes fils faisaient leur devoir en com- « battant pour l'indépendance de la patrie.

« J'en reviens encore une fois à la conduite de Tommy Atkins « (sobriquet du troupier anglais). Nous avons vu un grand « nombre de convois, quelques-uns s'étendant sur une longueur « de plus de seize kilomètres, qui amenaient à Prétoria une foule « de prisonniers boers avec leurs familles. Tommy était partout : « surveillant les voitures, marchant sans dire mot dans des nuages « de poussière, et souvent dans la boue jusqu'au-dessus de la « cheville, mais jamais grossier envers les femmes et les enfants, « quoiqu'il en ait été accusé, et nos amis les plus sûrs et nos « propres enfants nous ont contredit ces accusations.

« Durant les haltes, Tommy était bien le meilleur homme et « le plus serviable qui se puisse imaginer : il faisait bouillir l'eau, « soignait les enfants sans répit et consolait les malheureuses « mères; il était toujours prêt à secourir tous les invalides. Sur « notre propre ferme, il aida, sans qu'on le lui eût demandé, à sau- « ver les animaux qui se noyaient, à enlever les porcs tués, quel-

« quefois même à ramener le bétail qui s'était égaré, et ainsi de « suite; nous aidant de mille façons, et jamais il ne voulut en« tendre parler de récompense; il refusait toujours, simplement « parce que c'était sa bonté de cœur qui le portait à agir ainsi.

« Voilà, Monsieur des faits incontestables que je rapporte « aussi fidèlement qu'il m'est possible, et je laisse vos lecteurs « en tirer leurs propres conclusions.

« *Un ancien bourgeois du Transvaal.* »

« *Rustemburg, Transvaal, juillet 1901.* »

La *Suisse Libérale* publia une longue et intéressante lettre, écrite par un jeune Suisse qui demeura pendant toute la guerre dans une ferme du district de Thabanchu dans l'Etat Libre d'Orange. Ses jugements sont très impartiaux, et entre autres, parlant de la façon de vivre de la garnison du lieu, il dit :

« Ils font beaucoup de visites, ils envoient des invitations et « ils organisent des parties de campagne; dans la ville même, ils « donnent des concerts charitables, des bals, des jeux et des « courses de chevaux. Il est curieux que les Anglais, même lors« qu'ils font la guerre, ne sauraient vivre sans les sports aux« quels ils sont accoutumés, que les vaincus n'éprouvent pas la « moindre répugnance à prendre part aux jeux des vainqueurs, « et à les rencontrer dans le monde. » Comment concilier cela et les histoires de brutalités militaires? Il paraîtrait que c'est un bien doux enfer qui existe dans cette partie de l'Afrique.

M. et Mme Osborn Howe dirigeaient les *Camp Soldiers' Homes* dans l'Afrique du Sud ; ils ont assurément vu l'armée dans ce pays autant que n'importe qui, et ils ont tenu les yeux ouverts. Voici en partie ce qu'ils disent : — « Ni nous, ni aucun membre « de notre personnel, stationné entre De Aar et Prétoria, n'avons « jamais entendu parler d'un seul cas de viol ou de mauvais trai« tement. Tous ceux que nous avons interrogés ont nié avec indi« gnation les accusations portées contre nos soldats et nous ont « cité au contraire de nombreux cas de la grande bonté dont nos « troupes ont fait preuve envers les faibles femmes et les en« fants.

« Nous n'avons rien vu nous-mêmes qui ne puisse se racon« ter à un cercle de jeunes filles.

« Lorsque nous demeurions dans la Colonie de la Rivière

« d'Orange, nous nous trouvions au centre du territoire sur le-
« quel on brûlait les fermes, et nous avons été témoins des efforts
« que faisait Lord Roberts pour épargner des souffrances aux
« habitants en lançant des proclamations d'avertissement. Nous
« avons vu les officiers attendre que les fermiers eussent eu tout
« le temps de se bien pénétrer de ces avertissements redoublés, et
« alors, bien malgré eux, les officiers et les hommes exécutaient
« l'œuvre de destruction, mais jamais nous n'avons eu connais-
« sance d'un seul cas où ces destructions n'eussent été motivées
« par quelque action indéniable de la part de l'ennemi.

« Nous découvrîmes, après avoir fait une enquête personnelle,
« que l'histoire d'un attentat, dit avoir été commis dans une mai-
« son de missionnaires hollandais, dans les mauvais quartiers
« d'une grande ville, n'était rien moins qu'un viol. Les jeunes
« soldats,qui entrèrent dans la maison lorsque la porte fut ouverte,
« quand ils frappèrent, se retirèrent en apprenant que les dames
« qui l'occupaient étaient des missionnaires; rien n'avait été enlevé
« ou endommagé, mais le rapport dénaturé et l'emploi mal à pro-
« pos du mot attentat, parvinrent dans le district de la Colonie du
« Cap où ils firent infiniment de mal et soufflèrent l'animosité et
« la révolte. Ainsi ce supposé viol n'était pas même une voie de
« fait ordinaire.

« On nous objectera peut-être que notre affection pour les sol-
« dats infirme notre jugement, à quoi nous répondrons que nous
« aimons Dieu, que nous aimons la vérité plus que l'honneur de
« nos soldats, et que s'il y avait le revers de la médaille, ce n'est
« pas nous qui le cacherions. »

Voilà qui suffit quant aux faits en général, mais tout le monde sait combien il est difficile de prouver une proposition négative. Examinons donc les faits particuliers que l'on a rassemblés si péniblement et voyons ce qu'il en est.

Un de ces soi-disant faits eut lieu au commencement de la guerre; on affirmait que par deux fois, des femmes avaient été violées dans le Natal septentrional. Eh bien ! ce sont d'infâmes mensonges.

Le vicaire de Dundee, de la colonie du Natal, reçut ordre de la part de l'évêque de Natal de s'enquérir de la vérité du rapport que quatre femmes, appartenant à une famille nommée Bester, demeurant près de Dundee, avaient été violées par les soldats anglais. Le vicaire rapporta qu'il avait eu une entrevue avec le beau-père des Bester, Jacobus Maritz, un des plus riches fermiers de l'endroit. Maritz lui dit : — « Vous avez bien fait, M. Bailey, de « venir me voir, car notre famille (Mme Bester et sa fille) est *la* « *seule* du nom de Bester dans ce district, et je vous autorise à « dire que l'histoire qu'on vous a contée est un infâme mensonge. » Dans le second cas, que l'on disait s'être produit à Dundee, les noms n'étaient pas donnés. Le seul détail, c'est que l'un des hommes portait l'uniforme des Highlanders. Le vicaire répondit : — « Ainsi que vous le savez, il n'y a pas eu un seul régiment de « Highlanders à Dundee pendant toute la guerre. »

Les calomniateurs furent abasourdis. Au mois de mai 1900, le gouvernement du Transvaal, voulant calmer les craintes éprouvées par les femmes dans les fermes, publia dans le *Volksstem* un avis officiel conseillant aux bourgeois de laisser leurs familles dans les fermes, car l'ennemi traitait les femmes et les enfants avec la plus haute considération et le plus grand respect ; et chacun sait que M. le président Kruger et M. le général Botha eux-mêmes suivirent les conseils qu'ils donnaient, car l'un et l'autre confièrent leurs femmes à notre protection pendant qu'ils continuaient à nous faire la guerre. Au moment même où M. Kruger mentait à Marseille en disant que nous faisions la guerre contre les femmes et les enfants, sa propre femme à lui, malade, était si soigneusement protégée par les militaires anglais que l'on ne permettait pas même aux passants de regarder les fenêtres ou de photographier la maison.

L'accalmie qui se produisit dans la tempête de calomnie se trouva largement compensée par les brillants efforts de M. Van Broekhuizen, pasteur à Prétoria, et, comme la plupart des pasteurs hollandais, politique enragé. Il avait donné sa parole de retenir sa langue; aussi quand on apprit qu'il continuait à prêcher des sermons politiques des plus enflammés, il fut prié de partir, et son voyage en Europe lui fut payé. Il signala son arrivée par un article publié dans l'*Indépendance Belge*, dans lequel il déclarait entre autres choses que trente pour cent des femmes boers avaient été violées par les troupes anglaises Une telle déclaration, faite par un pasteur, excita l'horreur de toute l'Europe, et la plus forte colère et incrédulité chez ceux qui connaissaient l'armée anglaise. La lettre fut envoyée à Prétoria afin d'ouvrir une enquête sur les faits avancés par M. Broekhuizen. Ce fut le révérend A. Buscarlet, de Lausanne, qui en fut chargé. M. Constançon, ancien consul de Suisse dans cette ville et qui y avait été pendant toute l'occupation anglaise, fit le rapport suivant sur la lettre, rapport non officiel :

« Ce n'est pas seulement de l'étonnement, c'est du dégoût « que j'éprouve quand je vois qu'un journal de Lausanne repro« duit de si abominables, de si sales mensonges. L'article tout « entier, du premier mot jusqu'au dernier n'est qu'un tas de « mensonges et l'auteur de la lettre, ministre de l'Evangile, « devrait plus que tout autre éviter de se parjurer et de salir « son ministère.

« Voilà dix-huit ans que je demeure soit dans Prétoria, soit « dans le voisinage de la ville ; il n'y a guère de familles boers « dans ce district que je ne connaisse. Les deux noms que Broek« huizen cite comme étant ceux de femmes violées par les « troupes, me sont parfaitement inconnus, et assurément ce ne « sont pas des noms boers.

« Depuis le jour où les troupes pénétrèrent dans le Transvaal, « j'ai voyagé sans cesse dans toute l'étendue du district de Pré« toria et dans une partie du Waterberg. J'ai souvent passé la « nuit dans les maisons de Boers, et je me suis arrêté pour « affaires dans toutes les maisons sur ma route. Les hommes « étaient absents dans la plupart de ces maisons, occupés à se « battre contre les Anglais; il n'y avait que des femmes et des « enfants sur les fermes. Ni jamais, ni nulle part, n'ai-je entendu « une seule plainte portée contre les troupes; ici et là, quelques « poules avaient été enlevées et quelques branches prises pour « faire du feu; mais on doit s'attendre à cela de la part des « troupes en marche. D'autre part, les femmes ne tarissaient pas « de louanges sur les soldats et leur conduite envers le sexe. « Partout où un camp était établi près d'une ferme les officiers « faisaient toujours monter une garde autour de la maison, dans « le but d'empêcher tout pillage, et les femmes riches ou pauvres, « ont partout été traitées comme des dames.

« Les louanges des femmes boers étaient d'autant plus una« nimes qu'elles étaient loin de s'attendre à être si bien traitées « par les vainqueurs.

« Notre ville est divisée en arrondissements, et toutes les « femmes et tous les enfants qui se trouvaient être dénués ont « été nourris. Dans un seul arrondissement, il y a actuellement « cinq cents femmes et enfants qui reçoivent des rations du gou-

« vernement anglais, quoique la plupart des pères et des maris « soient encore occupés à se battre. La conduite des troupes « dans les villes a été admirable; toutes les buvettes ont été fer- « mées, et dans le cours des six derniers mois, je n'ai vu que « deux soldats ivres.

« Il y a toute une petite colonie de Suisses ici, et il n'y a pas « un seul de mes compatriotes qui ne soit prêt à confirmer tout « ce que j'avance.

« Beaucoup d'entre eux éprouvent, sans doute, beaucoup de « sympathie pour les Boers, mais en toute justice, ils feront tou- « jours honneur aux troupes anglaises et à leurs officiers, de « l'humaine manière dont ils font la guerre, et de la magnifique « façon dont Tommy s'est conduit. »

La *Gazette de Lausanne*, qui avait institué l'enquête en question, publia en même temps une lettre de M. Gray, pasteur presbytérien à Prétoria, dans laquelle ce monsieur dit :

« J'ai reçu il y a quelques jours une coupure de votre numéro « du 10 novembre dernier portant le titre : « La civilisation « anglaise en Afrique, » qui consiste en grande partie d'une « lettre signée : H. D. Van Brœkhuizen (non Broeschuizen, « ainsi que vous l'imprimez) pasteur à Prétoria. Permettez-moi, « monsieur, de vous assurer que les accusations d'atrocité de « toutes sortes, portées contre les soldats anglais, que contient « cette lettre ne sont qu'un tissu de mensonges et constituent « une calomnie si absolument injuste, qu'il serait difficile d'en « trouver la pareille dans les fastes de la guerre.

« Je ne comprends pas quelles sont les raisons qui ont porté « cet écrivain à agir de la sorte, mais il est clair qu'il a complè- « tement controuvé les faits.

« Dès que je reçus l'article de votre journal, je me mis « immédiatement en campagne pour découvrir sur quoi pou- « vaient bien reposer des accusations lancées d'une façon si irré- « fléchie contre les soldats anglais. Ayant vécu à Prétoria depuis « onze ans, je connais un très grand nombre des Boers qui « habitent cette ville. Tous ceux que j'interrogeai m'affirmèrent « n'avoir jamais entendu parler d'un seul cas de viol par les « soldats anglais. On avait parlé d'un cas, mais il semblait plus « que douteux, car on n'avait jamais pu trouver de preuves. « Admettons, ce qui ne serait pas surprenant dans les circons- « tances que quelques cas isolés de grossièreté se soient pro-

« duits; ce n'est pas là une raison pour calomnier une armée « tout entière. Le fait le plus surprenant, toutefois, c'est que « dans ce pays même on entend partout exprimer la surprise « que l'on ressent de la façon dont les soldats anglais se sont « conduits si parfaitement et si respectueusement envers les « femmes. »

La réponse de M. Van Brœkhuizen fut des plus faibles. Il prétendit qu'il n'y avait pas d'ex-consul du nom de Constançon à Prétoria. La *Gazette de Lausanne* fit alors remarquer que M. Constançon était très bien connu, qu'il avait rempli les fonctions de consul suisse pendant bien des années, et ajouta que si M. Van Brœkhuizen était si mal renseigné sur un fait si simple, il n'était guère probable qu'il le fût mieux sur d'autres faits plus susceptibles d'être discutés. La fausseté des accusations fut ainsi établie d'une façon concluante, mais déjà les menteries du pasteur avaient si bien circulé, que beaucoup de ceux qui les répétaient de bonne foi ne sauraient jamais la vérité. Et bien que cela puisse paraître incroyable, cet infâme mensonge fut reproduit en 1901 par un certain docteur Vallentin, dans la *Deutsche Rundschau*, d'où il fut copié d'autres grands journaux allemands, sans qu'un seul d'entre eux fît la moindre allusion au fait que l'accusation avait été prouvée, en 1901, absolument fausse.

Voyons maintenant ce que dit Mme Alice Bron, la si dévouée infirmière belge qui servit d'abord les Boers et ensuite les Anglais pendant la guerre, et qui est donc capable d'établir une comparaison juste. Voici quelques extraits de son rapport :

« On m'avait si souvent dit et rapporté que les soldats anglais « était la lie de Londres et les plus vils individus de la classe « criminelle que je fus étonnée de la façon dont ils se condui- « saient. »

Voilà ce que dit une dame qui a passé deux ans au service de l'humanité sur la veldt. Ajoutons un ou deux autres extraits :

« Qu'ils sont reconnaissants et respectueux! Je me rends « à l'hôpital la nuit sans la moindre crainte, et quand je réponds « Infirmière! » à l'appel de la sentinelle, le pauvre garçon me « demande toujours humblement pardon.

« Eh bien! je les ai vus pour la dernière fois, eux et leurs « affectueuses prévenances, leur respect et leur confiance. Je

« pourrais citer bien des cas d'exquise sensibilité de la part de ces « pauvres soldats.

« Un soldat anglais blessé parlait de Cronje. — « Ah! ma « sœur, disait-il, que je suis content que nous ayons fait tant de « prisonniers ! — Pourquoi, demandai-je, craignant d'entendre « des paroles haineuses. — Oh! dit-il, je suis content de l'ap- « prendre parce que je sais que ceux-là du moins ne seront ni « blessés ni tués. Ils ne laisseront point de femmes ni d'enfants, « et ils ne souffriront pas ce que nous autres nous souffrons. »

Elle décrit sa rencontre avec le général Wavell :

« Eh bien! vous voyez que je suis venu vous protéger, dit-il. « Nous sourîmes en saluant, et je me dis à part moi : « Je con- « nais vos soldats trop bien, général. Nous n'avons pas besoin « d'être protégées. »

Mais comme il se peut que la guerre ait brutalisé les combattants, il est intéressant de voir quelles étaient les opinions de Mme Bron à la fin de l'année 1901. Elle raconte une conversation avec un chef boer :

Tout ce que j'ai à vous dire, monsieur, c'est que ce que vous « avez fait là-bas ne s'est jamais vu dans aucune autre guerre. « Jamais, au grand jamais, dans aucun pays du monde n'a-t-on « commis une telle lâcheté que de tuer celui qui va à la ren- « contre d'un drapeau blanc.

« Très pâle, l'officier boer, un vrai gentleman, de cinquante- « trois ans, père de onze enfants, répondit : « Vous avez raison, « ma sœur. »

« Mais puisque nous sommes à parler de ces choses, continuai- « je, je dois vous dire que je comprends très bien que vous défen- « diez votre pays, mais ce que je ne saurais excuser c'est la façon « dont vous mentez sur le compte des Anglais. — « Nous ne fai- « sons que répéter ce qu'on nous rapporte. » — « Non, fis-je, vous « mentez tous, et vous savez très bien que vous mentez, tout en « tenant la Bible ouverte sur les genoux et en invoquant le nom « de Dieu; et c'est grâce à vos mensonges que le monde croit que « l'armée anglaise se compose d'assassins et de voleurs. Vous « voyez pourtant comme ils vous traitent ici. »

Mme Bron nous dit alors comment on les traite. Il est à noter que les malades dont elle parle n'étaient pas des combattants boers, mais des rebelles de la Colonie du Cap, passibles d'être mis à mort dès qu'ils étaient pris. Voici la diète prescrite pour les malades à la suite d'une opération quelconque :

« Pendant huit ou dix jours le malade reçoit *du champagne* « *des meilleures marques françaises* (c'est Mme Bron qui sou- « ligne) en grande quantité; puis du vieux cognac, puis du vin « de Porto, du stout (bière noire) ou de la bière au choix; plus « cinq ou six œufs par jour délayés dans du vieux cognac ou du « lait, pour en arriver à la fin à une nourriture complète dont « je n'aurais pu manger la moitié, quoique je fusse parfaitement « bien. Voilà, ajoute-elle, une nouvelle preuve de la férocité avec « laquelle, selon la presse européenne, les bouchers anglais font « la guerre. »

Les Sœurs de Nazareth, dans l'Afrique du Sud, constituent une communauté au-dessus des préjugés politiques ou nationaux. Voici les propres paroles de la Supérieure telles qu'elles ont été publiées :

« Chaque courrier m'apporte des lettres; mais on ne m'a « jamais dit un mot qui suggérât la moindre idée de reproches « contre la conduite des soldats. Quant aux soldats anglais en « général, nos sœurs, qui ont eu beaucoup de relations avec les « militaires de tous grades dans les différentes parties de la « colonie déclarent qu'elles ne sauraient jamais s'étendre suffi- « samment sur leur courtoisie, leur bonne conduite et leur poli- « tesse invariable. »

Ce ne sont pas là les impressions que les agents boers, qui disposent de fonds secrets et font usage de leur influence sur la presse, ont communiquées au public. Un flot ininterrompu de faussetés et de mensonges a empoisonné les esprits en Europe et a creusé un abîme profond, qui ne sera pas comblé de longtemps, entre nous et nos cousins d'Allemagne.

On a accusé les troupes anglaises d'avoir tiré sur les femmes. Il est surprenant qu'il n'y ait pas eu beaucoup de femmes tuées par des coups de fusils, car bien souvent les fermes étaient défendues par les hommes pendant que les femmes y étaient encore. De fait, cependant, il y a très peu de cas de femmes tuées. Il y eut une amazone de tuée, la carabine à la main, au siège de Ladysmith.

Une seconde victime donna naissance au fameux mythe Eloff, qui fut utilisé dans tant de charges et d'articles de journaux. On nous accusait d'avoir fusillé de sang-froid la nièce du président Kruger, et un journal du matin de Berlin raconta l'histoire, avec force embellissements artistiques, ainsi qu'il suit :

« Quand le Boer vit sa femme à terre, à peine capable de se « soulever, il essaya de courir à son secours, mais les brutes le « retinrent. L'officier déclara que le coup avait traversé les « tempes et que la femme en mourrait sans faute, aussi la laissè- « rent-ils étendue à terre. Le même soir le Boer s'entendit appe- « ler par son nom. C'était sa femme qui vivait encore après « douze heures d'agonie. Quand ils arrivèrent à Rustenburg, elle « était morte. Cette femme c'était Frau Éloff, nièce de Kruger. « Outre la sympathie qu'excitera la perte éprouvée par Kruger, « ce rapport ravivera l'indignation que nous ressentons en vue « de la brutale façon dont les Anglais font la guerre. »

La fable fut refaite de diverses façons par bien des journaux. Or voici le simple fait, raconté par Lord Kitchener :

« Aucune femme de ce nom n'a été tuée, mais il se peut que « ce bruit se rapporte à la mort d'une Mme Vandermerve, qui fut « malheureusement tuée dans une ferme d'où son mari faisait feu « sur nos troupes. Mme Vandermerve est belle-sœur d'Éloff, « neveu de Kruger. La mort d'une femme tuée par une balle « égarée, est fort regrettable, mais il est clair que son mari « était responsable du combat qui amena l'accident. »

Encore une calomnie dont la fausseté est établie! Mais je remarque cependant qu'en ce moment même (Noël 1901), un journaliste du continent raconte une entrevue avec Kruger, qui, dit-il, « portait le deuil de sa nièce qui avait été tuée d'un coup « de fusil. » N'était-ce pas plutôt le deuil de sa femme?

Voici maintenant un autre mensonge qui partagera le même sort. C'est l'histoire qu'à l'escarmouche de Graspan, près de Reitz, le 6 juin, les Anglais se mirent à couvert derrière les femmes boers; accusation qui fournit aussi d'admirables sujets aux caricaturistes de la Vaterland; les tendres dessinateurs ne pouvant résister à la tentation de dessiner des rangées de charmantes jeunes filles boers enchaînées en rase campagne et de sanguinaires soldats accroupis derrière elles. Il ne manquait rien à la chose pour faire une charge admirable, sauf la vérité.

Voici le rapport qui fut publié dans un journal allemand :

« Le 6 juin les Anglais attaqués par les Boers, ordonnèrent

« aux femmes et aux enfants de descendre des voitures. Ils les « mirent devant les soldats, qui tirèrent par dessous les bras des « femmes sur les Boers qui s'approchaient. Huit femmes et deux « enfants tombèrent sous le feu des Boers, mais dès que ceux-ci « virent ce qui se passait, ils cessèrent de tirer, et hurlant comme « des bêtes sauvages ils rompirent la ligne de soldats et écra- « sèrent les Tommies comme des chiens enragés avec les crosses « de leurs carabines. »

Rétablissons les faits :

De bonne heure dans la matinée du 6 juin le chef de bataillon (*major*) Sladen, à la tête de deux cents fantassins à cheval, s'empara d'un convoi boer de cent voitures. Quarante-cinq hommes furent faits prisonniers; les voitures étaient pleines de femmes et d'enfants. Le major Sladen fit faire halte à ses hommes afin d'attendre l'arrivée du gros des Anglais commandés par De Lisle. Il fut vivement attaqué par un nombreux corps de Boers, cinq à six cents hommes sous le commandement de De Wet. Les Anglais se jetèrent dans un kraal cafre, et se défendirent résolument. La longue file de voitures dans lesquelles se trouvaient les femmes, s'étendait du village jusqu'au beau milieu de la plaine, et les Boers firent usage des voitures pour s'abriter pendant qu'ils avançaient en tirailleurs vers le village. Le résultat fut que les femmes et les enfants se trouvèrent entre deux feux. Il paraît qu'une femme et deux enfants furent frappés, quoiqu'il soit très difficile de dire si les balles étaient boers ou anglaises. Au bout du compte le convoi et les prisonniers restèrent entre les mains des Anglais. Il serait tout aussi juste, donc, de dire que les Boers se servirent des femmes pour couvrir leur attaque que de dire que les Anglais se servirent des femmes pour assurer leur défense. Il est probable que dans la chaleur du combat les adversaires songeaient beaucoup plus aux voitures qu'à leur contenu.

Ces deux cas, et un autre qui se produisit à Middelburg, où il paraîtrait que dans le cours d'une attaque de nuit faite par les Boers une ou deux femmes dans le camp des réfugiés furent frappées par hasard, — sont les seuls cas connus pendant toute la guerre. Et pourtant un journal aussi connu que le *Kladderadatsch* allemand n'a pas eu honte de publier un dessin qui représente une ferme ruinée avec des femmes mortes alentour et un petit garçon pendu à la branche d'un arbre. Il paraît que le

Kladderadatsch a la réputation d'être un journal comique, mais il devait mettre des bornes à ses plaisanteries.

Dans sa brochure intitulée « *Méthodes barbares,* » M. Stead a récemment écrit un chapitre intitulé « Coup d'œil sur le panorama infernal », dans lequel il parle des dépositions faites dans le cours du procès Spoelstra. Ce Spoelstra était un Hollandais qui, ayant prêté serment de neutralité, envoya par la suite une lettre à un journal hollandais, sans l'avoir préalablement soumise au censeur. Dans cette lettre il calomniait l'armée anglaise. On lui fit son procès, et il se vit condamner à une amende de 250 francs; on lui fit grâce de la prison. Dans le courant du procès il appela un certain nombre de témoins dans le but de maintenir ses accusations contre les troupes, et ce sont leurs dépositions que commente M. Stead sous l'en-tête caractéristique précité.

M. Stead débute par un paragraphe qu'il est inutile de discuter :

« Nombre de personnes, qui ne sont pas toutes de celles qui ont « approuvé la guerre, aiment à répéter que l'armée anglaise a « passé deux ans dans le territoire des deux Républiques de « l'Afrique du Sud sans qu'un seul cas de mauvaise conduite ait « été prouvé contre un seul soldat. Je serais fort heureux « d'ajouter foi à cela, mais tout le monde sait que Rudyard « Kipling a dit que Tommy Atkins n'est pas un petit saint en « plâtre, mais un garçon dans une caserne, ou, à l'heure qu'il est. « un garçon dans un camp, et qui ressemble fort aux autres « humains. Nous savons parfaitement bien ce qu'il est chez « nous, et il n'y a pas un seul père de famille de la Chambre des « Communes ou du personnel de la presse de Londres qui per- « mettrait à sa bonne de passer toute une nuit dans un parc « public en Angleterre, en temps de paix profonde, dans la « société d'une vingtaine de soldats; car s'il le permettait, il com- « prendrait bien qu'il aurait exposé la jeune fille à perdre sa « réputation. Tous les gens mariés qui habitent des villes de gar- « nison ou le voisinage de casernes non seulement admettent le « fait, mais se gouvernent en conséquence. Comment donc sup- « poser que quand ces mêmes soldats ne sont plus retenus par la « civilisation et qu'on les envoie brûler, détruire, et piller comme « bon leur semble, qu'ils subissent tout à coup une transforma- « tion si complète qu'ils respectent scrupuleusement les femmes

« et les filles de l'ennemi? Ce que je dis là n'est pas fait pour « m'attirer de la popularité, et j'entends d'ici les hurlements et « les exagérations de ceux qui déclareront que je calomnie les « pauvres soldats qui versent leur sang pour défendre les intérêts « de l'Empire; mais je ne dis pas un mot contre les soldats; je « dis seulement que ce sont des hommes. »

Puis il ajoute :

« C'est un fait déplaisant, mais qu'il faut envisager comme « tous les autres faits. On ne saurait jamais faire la guerre et « on n'a pas fait cette guerre-ci sans exposer des multitudes de « femmes mariés et de jeunes filles aux pires attentats. C'est une « conséquence inévitable de la guerre; c'est un phénomène normal « de l'inferno militaire. Il est absolument impossible d'arriver « à aucun chiffre comparatif ou quantitatif du nombre de femmes « qui ont été violées par nos troupes. »

A-t-on jamais fait usage de tels arguments dans une cause sérieuse? Dénué de rhétorique ce que M. Stead avance est tout simplement que 250,000 hommes ont commis des attentats contre la vertu des femmes. — « Et je le prouve, « dit M. Stead, par le simple fait qu'ils sont 250,000, et que « conséquemment *ils ont dû* commettre des attentats. » Ecartons le sentiment chevaleresque, le sentiment du devoir, et tous les autres motifs : M. Stead ne sait-il pas que si un soldat avait commis un crime pareil et que si sa victime était capable de reconnaître l'homme, celui-ci ne survivrait que juste le temps qu'il faudrait pour rassembler un conseil de guerre qui le condamnerait à mort? Il n'y a pas de soldat qui ne le sache; il n'y a pas de Boer, qui ne le sache. C'est le crime irrémissible; et les Boers sont-ils si lâches qu'ils n'éprouvent pas le désir de se venger? Quel officier oserait prendre sur lui la responsabilité de ne point rapporter le nom d'un individu coupable d'un tel crime? Où sont les listes portant les noms des hommes qui ont dû périr si cette cruelle accusation est fondée? Ces listes n'existent pas, par la bonne raison que les crimes n'ont pas été commis.

M. Stead, avant d'arriver aux incidents du procès, fige le sang dans nos veines en parlant de onze femmes qui déposèrent sous serment qu'elles avaient été maltraitées par nos troupes. Le lecteur ordinaire en lisant cela avec le contexte s'imaginera que ces onze femmes se plaignent toutes d'avoir été souillées, car M. Stead parle de suite de ces « incidents horribles et affreux ». Mais quand on y regarde de plus près, on s'aperçoit que sur les onze cas, huit ne portent d'aucune façon sur la question de sexe, et qu'à vrai dire pour la plupart ils n'ont rien de criminel. Dans un des cas, la femme se plaint que les soldats ont déterré un cercueil pour voir s'il s'y trouvait des armes. Cette fois-là on n'en trouva pas, quoique les cercueils servissent fréquemment de dépôt d'armes. Une autre accusation c'est qu'on avait opéré une perquisition dans le lit d'une malade, sans cependant que personne ait même suggéré que l'on ait manqué de délicatesse. Dans deux autres cas les femmes avaient accouché pendant que les voitures étaient en marche. « Les « soldats les avaient laissées parfaitement tranquilles pendant et « après l'accouchement; ils n'avaient jamais jeté les yeux dans la « voiture, » déclara le témoin. Et ce sont là des trivialités que M. Stead affuble de l'épithète « incidents horribles et affreux » !

Sur trois attentats que l'on affirmait avoir eu lieu, l'un était dit avoir été commis par un certain M. E—n, du service des renseignements. Or l'emploi du titre « Monsieur » et du titre « service des renseignements » tendait à prouver que l'individu en question n'appartenait nullement à l'armée anglaise. Il est probable qu'il était un pékin et de plus un pékin hollandais. Les noms anglais qui commencent par « E » et finissent en « n », sont rares, tandis que le nom hollandais Esselen ou Enslin est très répandu. « Je « n'ai jamais été au bureau des renseignements m'assurer s'il ap- « partenait vraiment à ce bureau » dit la plaignante, et elle ajouta que E — n n'était qu'interprète. Il devait assurément être hollandais. Et dans ce cas, pourquoi son nom est-il le seul qui soit déguisé ? Cela ne donne-t-il pas à penser ?

Le second cas était celui de Mme Gows, dont la triste histoire fut racontée à M. le pasteur Broekhuizen,et l'émut si profondément qu'il affirma que trente pour cent des femmes dans le pays avaient été souillées. Assurément Mme Gows, d'après ce qu'elle raconte, paraît avoir été traitée fort brutalement, quoiqu'elle ne donne point à entendre que son assaillant la viola ; même elle ne semble l'accuser que d'avoir fait usage de sales expressions. Le mari, en faisant sa déposition dit : — « J'ai eu beaucoup de relations avec les sol- « dats : ils se sont bien conduits, et je puis porter témoignage en « leur faveur. » Il ajoute qu'un officier anglais avait pris la déposition de Mme Gows, et que le prévôt et le gouverneur militaire s'occupaient tous deux de l'affaire. Bien qu'aucun viol n'ait été commis, il est à espérer que l'individu qui agit brutalement envers une faible femme sera tôt ou tard reconnu et puni.

Reste un dernier cas : celui de Mme Botha de Rustenburg. Ce cas est d'autant plus mystérieux que d'après la propre déclaration de Mme Botha, des troupes anglaises étaient campées non loin du lieu, et que pourtant ni elle ni son mari ne déposèrent de plainte, bien que le résultat d'une telle démarche eût été la punition immédiate du coupable. Ce ne pouvait être parce qu'elle craignait de faire connaître la chose, vu qu'elle était prête à témoigner devant le tribunal. Il n'y a pas trace d'indice qui permette d'identifier ce soldat solitaire, et la plaignante ne peut même dire quel jour eut lieu l'attentat. Que faire dans un tel cas? Le président du conseil de guerre, emporté par une indignation qui prouve que lui, au moins, ne partage pas les vues de M. Stead sur le nombre de crimes de ce genre dans l'Afrique du Sud, s'écria : — « Est-ce qu'un mari dont la femme venait d'être si horriblement « maltraitée ne se serait pas tout d'abord préciptié pour chercher « main-forte et traduire le coupable devant les juges? Un homme « doit risquer sa vie dans pareil cas. Il n'avait rien à craindre; nous « ne sommes pas une nation de barbares, nous autres Anglais! » Mais le mari n'avait pas bougé et ne bougea pas. Soyons sûrs que le prévôt n'a pas perdu l'affaire de vue, et que le coupable, s'il existe, servira tôt ou tard à démontrer la discipline et l'humanité à la garnison la plus prochaine.

Voilà quel fut le procès Spoelstra. M. Stead discourt éloquemment sur les accusations, mais il a parfaitement négligé d'ajouter le fait essentiel qu'après une patiente enquête, pas une ne fut prouvée.

Je ne saurais terminer ce chapitre mieux qu'en citant les paroles du révérend P. S. Bosman, chef de l'Eglise hollandaise réformée à Prétoria :

« Je n'ai pas eu connaissance d'un seul cas d'attentat à la per- « sonne ou de viol de femmes boers par des sous-officiers ou des « simples soldats de l'armée anglaise dans Prétoria. J'ai inter- « rogé plusieurs messieurs là-dessus, et tous portent le même té- « moignage que moi. »

Et pourtant M. Stead insiste qu'il doit y avoir eu des viols parce qu'il y a deux cent cinquante mille hommes en Afrique ! Est-il possible de fausser l'argument de pire façon? Lequel croire? L'ennemi qui est sur les lieux, ou le journaliste qui est à Londres?

CHAPITRE IX

AUTRES ACCUSATIONS PORTÉES CONTRE LES TROUPES ANGLAISES.

Balles explosives et expansives.

Il est difficile d'acculer M. Stead lorsqu'il se lance dans la rhétorique, mais la difficulté est moindre lorsqu'il se laisse aller à une affirmation. Par exemple dans ses « Méthodes barbares », il affirme expressément que « l'Angleterre fit passer dans « l'Afrique du Sud plusieurs millions de cartouches à balles « expansives, et que pendant les trois premiers mois de la guerre « ce furent les seules cartouches dont on fit usage dans le Transvaal septentrional et à Mafeking. » M. Methuen, s'appuyant d'une lettre du lieutenant de Montmorency, de l'artillerie royale, dit aussi que depuis le 12 octobre 1899 jusqu'au 15 janvier 1900, les troupes anglaises au nord de Mafeking, ne se servirent que des cartouches « Mark IV, » qui sont à balle expansive, mais qui ne sont pas des « dum-dum ».

Ces déclarations se contredisent, car M. Stead dit Mafeking, et M. Methuen « au nord de Mafeking. » Or comme on se battit beaucoup à Mafeking en ce temps-là, et très peu au nord, la différence est grave. Afin de m'assurer de la part de vérité qu'il pouvait y avoir dans la déclaration de M. Stead au sujet de Mafeking, j'écrivis au général Baden-Powell, assurément le mieux renseigné sur ce qui se passa dans Mafeking, et voici sa réponse : — « Les cartouches fournies à Mafeking ne contenaient pas de balles « expansives, à moins que l'on ne classe la balle Henry-Martini « ordinaire sous ce nom. En eussions-nous eu, je n'en aurais point

« fait usage, pour des raisons d'humanité, et d'ailleurs l'emploi « de balles « dum-dum » dans cette campagne avait été expressé« ment défendu par ordre émanant du ministère de la guerre. « D'autre part, les balles explosives sont rigoureusement inter« dites par la Convention, et néanmoins les Boers les employèrent « en grand nombre contre nous, notamment le 12 mai. »

Je m'enquis aussi de la vérité de ce qu'avançait le lieutenant de Montmorency, et le général me répondit : — « Quant aux forces « dans le Nord, il est possible que quelques chasseurs de la co« lonne rhodésienne aient eu des balles de chasse, mais quant à « moi, je n'en ai jamais entendu parler. » Un de mes amis qui se trouvait à Lobatsi pendant la première semaine de la guerre, m'assure qu'il ne vit d'autres balles que des balles solides. De plus, il faut se rappeler que les troupes dans la Rhodésia se trouvaient dans une situation tout à fait exceptionnelle, car leurs communications vers le sud furent coupées dès le second jour de la guerre, et pendant sept mois elles eurent à se ravitailler par voie de Beira, voie fort longue et fort éloignée. On conçoit que dans des conditions pareilles il devait être plus difficile de fournir le même genre de munitions à tous les hommes que dans le cas d'une armée ayant une base sûre.

J'avais écrit ces lignes, qui ont paru dans le première édition anglaise, quand je reçus une lettre de la personne qui distribua les cartouches aux troupes dans la Rhodésia, et qui déclare que toutes les cartouches étaient à balles solides. Il serait intéressant de savoir si le lieutenant de Montmorency a vraiment fait la déclaration qu'on lui attribue, et, s'il l'a faite en effet, ce qu'il entendait par là.

De fait, la balle expansive n'est point contraire aux conventions de La Haye. Les représentants des États-Unis et de la Grande-Bretagne s'opposèrent formellement à ce qu'elle fût proscrite,et je ne saurais m'empêcher d'exprimer l'opinion que ces deux grandes puissances éclairées et humanitaires furent mal conseillées en cela. Les conventions, il va sans dire, n'engageaient que les puissances qui les signaient, de sorte que dans des combats contre de féroces sauvages, l'irrésistible balle expansive pouvait toujours s'employer. Quelles qu'aient été les raisons qui portèrent nos chefs à maintenir ce genre de balles, nous en avons été bien vite punis, car nous nous sommes trouvés dans l'impossibilité d'exiger aucune réparation, et même de nous plaindre, lorsque les Boers ont fait usage de ces balles contre nous.

Nos soldats se sont montrés plus miséricordieux que nos diplomates à La Haye, car malgré le droit que nous nous étions réservé de faire usage de ces balles, on n'a jamais cessé de faire les plus grands efforts pour les exclure. Malheureusement il se produisit un fait au début de la campagne qui motivait jusqu'à un certain point les soupçons de nos ennemis. Voici les faits :

Vers la fin du printemps de 1899, quelques centaines de milliers de balles à pointe évidée, fabriquées en Angleterre, furent réformées parce qu'elles n'étaient pas du calibre voulu, et pour autres défauts. Une partie de ces cartouches, connues sous le nom de « Metford Mark IV », furent envoyées à Dundee, par ordre du général Symons, pour être utilisées au tir d'exercice. Ces cartouches ne devant point servir en temps de guerre, elles furent toutes rappelées dès que M. Kruger déclara la guerre, et les officiers chargés de veiller à l'exécution de l'ordre crurent que toutes avaient été renvoyées au dépôt. Mais, par erreur, une partie de ces cartouches « Mark IV », paraît avoir été mêlée, en Angleterre, aux cartouches ordinaires « Mark II », et les Boers en trouvèrent sur nos hommes le 30 octobre. Une perquisition rigoureuse fut immédiatement instituée; quelques rares cartouches « Mark IV » furent découvertes dans les gibernes de nos soldats, et de suite enlevées. Ce n'était qu'un pur accident, le fait d'une erreur qui s'était produite dans le département des munitions longtemps avant la guerre, et c'est ainsi qu'il arriva que les Anglais employèrent, au début de la guerre, et inconsciemment, un petit nombre de balles à pointe évidée.

Le vrai « dum-dum » est une balle à pointe tendre, mais la cartouche de guerre « Mark II », se fabrique dans le même établissement; aussi les Boers, remarquant que les caisses contenant les cartouches « Mark II », portaient l'étiquette de la fabrique de « dum-dum », crurent très naturellement que ces balles étaient à pointe tendre, ce qui pourtant n'était pas.

Franchement, les autorités furent en faute; elles auraient dû veiller à ce que nulles cartouches de chasse ne fussent expédiées au siège de la guerre. Quand la Derbyshire Militia fut faite prisonnière par De Wet à Roodeval, un certain nombre de cartouches de chasse furent prises par les Boers, les officiers en ayant fait usage pour la chasse au springbok. Mon ami, M. Langman, vit plusieurs Boers en remplir leurs cartouchières, alléguant qu'ils ne faisaient que se servir de nos propres munitions. Jamais on n'eût dû permettre l'envoi de cartouches de ce genre; mais, toutefois, malgré les preuves d'incapacité, il est incontestable que les chefs firent tout leur possible pour que la guerre se fît de la façon la plus humaine. Je suis porté à espérer que lorsque nous serons mieux renseignés, il se trouvera que nos ennemis en ont fait de même, et que, sauf quelques individus, ils n'ont jamais employé, règle générale, que ce que l'un d'eux a appelé des balles de gentleman.

Traitement des prisonniers sur les champs de bataille

Les accusations portées, sous ce chef, contre les soldats anglais, et en Angleterre et à l'étranger, sont aussi dénuées de vérité et aussi abominables que celles dont j'ai déjà parlé.

Ce fut à la bataille d'Elandslaagte, le 21 octobre 1899, que pour la première fois, nous fîmes des prisonniers boers. Il pleuvait à verse, et les vainqueurs passèrent la nuit autour des rares feux que l'on réussit à allumer. Nombre de témoins ont déposé que les meilleures places autour des feux furent cédées aux prisonniers boers. On a dit, et on le redit encore, que les lanciers chargèrent un détachement de l'ennemi après la bataille, et qu'ils ne donnèrent pas de quartier. « Par trop bien prouvée et « par trop connue », dit un critique, à propos de cette affirmation. Quant à moi, je suis convaincu que la légende s'est formée par suite d'un dessin à sensation dans un journal illustré. La charge eut lieu le soir, tard, quand il commençait à faire sombre. Dans de pareilles conditions, dans une scène si tumultueuse et si confuse, il est toujours possible qu'un homme qui s'est rendu soit sabré ou écrasé sous les pieds des chevaux, mais vu que la cavalerie ramena vingt prisonniers et que le nombre de blessés et de tués ne dépassa point ce chiffre, il est absolument certain qu'il n'y eut pas de tuerie. J'ai lu une lettre écrite par l'officier qui commandait la cavalerie et qui chargea en tête, dans laquelle il raconta toute l'histoire confidentiellement à un officier de ses amis. Il parle des prisonniers, mais il n'y a pas la moindre allusion qui indique que les cavaliers se soient montrés brutaux.

M. Stead a fait grand usage de morceaux extraits de lettres

de troupiers qui parlent d'avoir enfoncé leurs baïonnettes dans le corps des ennemis. Il faut toujours faire bien des réserves en lisant des lettres de ce genre, car le soldat peut avoir la fantaisie de se faire passer pour un foudre de guerre aux yeux de ses amis au pays. On appelle précisément mon attention sur un fait de ce genre. Un individu qui avait été préposé à la garde des chevaux pendant la durée du combat, écrivit un récit très mouvementé, et souvent cité depuis, dans lequel il parle du nombre de Boers qu'il a transpercés de sa baïonnette. Même si certains cas isolés étaient susceptibles d'être prouvés, ils ne feraient que nous apprendre que parfois, dans le feu de la bataille, des hommes d'un violent caractère ne sauraient être retenus ni par la force de la discipline, ni par l'exemple et les exhortations de leurs chefs. De pareils cas se rencontreraient, j'en suis bien sûr, dans n'importe quelle armée et dans le courant de n'importe quelle guerre. Mais il serait injuste, de la part d'un étranger, et contre nature, de la part d'un compatriote, de fonder sur des faits isolés de ce genre une accusation de cruauté et de brutalité contre tous les soldats sans exception.

Il y a réponse concluante à toutes ces accusations. C'est que nous avons entre nos mains 42,000 hommes boers. Ils affirment, et nous ne saurions le nier, que pendant les deux années de la guerre leurs pertes d'hommes tués ont été étonnamment faibles. Comment donc concilier ces faits admis et reconnus et l'accusation que, règle générale, nous refusions de faire quartier? Pour tout homme qui, comme moi, a vu les soldats anglais plaisanter et fumer des cigarettes avec leurs prisonniers cinq minutes après les avoir coffrés, une telle accusation est ridicule, et même les esprits les plus bourrés de préjugés doivent se rendre à l'évidence.

Je crains que sous certains rapports les conventions de La Haye, quand on en viendra à les appliquer, ne se trouvent être tant soit peu au-dessus des forces humaines. C'est assurément la plus forte épreuve que puissent supporter la discipline et la maîtrise de soi, — épreuve cependant qui réussit dans le cas des troupes anglaises à Elandslaagte, Bergendal, et beaucoup d'autres lieux, — que d'emporter une position d'assaut et sur-le-champ de faire quartier aux défenseurs qui ne se rendent qu'au dernier moment. N'est-ce pas trop exiger? Les assaillants ont été rudement traités ; ils ont perdu leurs amis et leurs officiers ; dans l'emportement de la bataille ils s'emparent de la position, et voilà qu'à l'instant suprême les hommes qui leur ont fait tant de mal, se lèvent en parfait état de derrière les rochers et réclament la vie sauve! Et ce n'est qu'alors que le soldat a pu voir son ennemi et se trouver sur un pied d'égalité! Et pourtant il faut qu'il lui fasse quartier! C'est en demander beaucoup à l'humaine nature.

Et encore, si tel est le traitement à accorder à une force organisée qui défend une position, quel est le traitement à accorder à l'individu qui fait le coup de feu seul (*sniper*)? Les conventions de La Haye ne définissent point la position d'un tel individu, et ne disent rien de la façon dont il doit être traité. Il n'est pas surprenant que les troupes qu'il a exaspérées se chargent de temps à autre d'appliquer la loi et le traitent de façon sommaire.

Le tout premier article des conventions de La Haye déclare qu'un belligérant doit : 1° être sous le commandement d'une personne responsable; 2° porter un emblème visible au loin; 3° porter les armes ouvertement. Or il est évident que le *sniper* boer qui tire son mauser de sa cachette pour faire le coup de feu contre les *rooineks* d'une « kopje » où il est en sûreté, ne remplit aucune de ces conditions. Il est donc assurément, d'après la lettre de la loi, en dehors des règles de la guerre.

Dans la *Gazette de Lausanne*, un soldat suisse, du nom de Pache, revenu d'Afrique, où il s'était battu pour les Boers, exprime l'étonnement qu'il éprouva en voyant la façon dont les troupes anglaises, malgré les pertes qu'elles subissaient en emportant des positions d'assaut, faisaient quartier à ceux qui leur avaient infligé ces pertes.

« Je n'ai vu qu'une seule et unique fois, dit-il, — c'était au « combat de Tabaksberg, — les Boers se maintenir dans leurs « positions jusqu'au bout. Comme l'ennemi donnait l'assaut défi- « nitif, ils commencèrent, bien inutilement, à faire feu de leurs « fusils à réservoir, et de suite levèrent les mains et deman- « dèrent quartier aux hommes mêmes sur lesquels ils venaient « de tirer à courte portée. Je fus confondu de la clémence des « soldats, qui leur laissèrent la vie sauve. Si j'avais été à leur « place, je les aurais mis à mort. »

Quant à la façon dont les prisonniers de guerre ont été traités après avoir été pris, il est presque inutile d'en parler, car tous ceux, soit Anglais, soit étrangers, qui ont eu l'occasion de se faire une opinion à ce sujet, sont unanimement d'avis que les prisonniers ont été traités humainement et généreusement, qu'ils fussent internés à Green Point, à Sainte-Hélène, aux Bermudes, dans l'île de Ceylan, à Ahmednuggar, ou dans n'importe quel autre camp. Certaines gens se récrièrent quand l'on sut qu'une prison militaire pour les Boers allait être établie à Ahmednuggar, et l'on affirma, avec la même désinvolture dont on traitait les autorités, que le lieu était un foyer de maladies. Les faits ont prouvé qu'il n'y avait pas ombre de vérité dans toutes ces accusations, et que le camp s'est trouvé, au contraire, être fort sain. Comme c'est le seul contre lequel de vives critiques aient été récemment dirigées, il est bon de citer l'opinion à laquelle s'est arrêté M. Jesse Collings, qui a inspecté ce camp il y a un mois :

« Les officiers boers me dirent : Au nom de nos hommes et « au nôtre, nous déclarons n'avoir aucun sujet de plaintes. Étant « prisonniers de guerre, nous ne saurions être mieux traités, et « M. le chef de bataillon (*major*) Dickenson, — ils me prièrent « tout particulièrement d'insister sur ce point, — est on ne peut « plus aimable et soucieux de notre confort. »

Les journaux américains publièrent aussi certaines accusations sensationnelles au sujet des camps aux Bermudes, mais une enquête ouverte par la presse elle-même démontra qu'aucune de ces accusations n'était fondée.

M. John O'Rorke écrit au *New-York Times* : — « En vue « des nombreuses fausses nouvelles de la façon dont les prisonniers boers sont censés être traités aux Bermudes, j'ai pris « soin de me renseigner auprès d'un de mes correspondants aux « Bermudes, auquel je puis me fier. » Le nom de ce correspondant est Musson Wainwright, et M. O' Rorke dit qu'il est « un « des habitants les plus marquants dans l'île ». M. Wainwright dit « que les Boers, aux Bermudes, sont bien mieux traités que « nombre d'habitants de New-York. Ils ont de la viande et du « pain en abondance, de tout, sauf la liberté. Il y a de bons « hôpitaux et de bons médecins. Il est vrai que quelques-uns « d'entre eux sont à court de vêtements, mais ils sont en très « petit nombre, et le gouvernement s'occupe de les habiller. En « somme, ajoute M. Wainwright, les Boers sont traités infini-

« ment mieux par la Grande-Bretagne, qu'ils ne le seraient par « aucune autre nation. »

Il n'y a qu'à mettre en regard de ces faits, la façon dont les Boers ont traité les prisonniers anglais, les privations incontestables que ceux-ci eurent à subir à Watervaal, près de Prétoria; le barbare abandon des malades souffrant de l'entérite dans ce même lieu, et le traitement vraiment sauvage infligé aux colons anglais prisonniers qui furent renfermés dans des cellules, sous le prétexte absurde qu'en combattant pour leur drapeau ils trahissaient la cause des Africanders.

Exécutions.

Le nombre de Boers, nombre dans lequel ne sont point compris les rebelles du Cap qui ont été exécutés, est singulièrement petit quand on se rappelle que la guerre a déjà duré vingt-six mois. Je me suis efforcé de noter toutes les exécutions de ce genre, et je ne puis en trouver d'autres que celle de Cordua, convaincu d'avoir violé sa parole et d'avoir trempé dans une conjuration le 24 août 1900, à Prétoria; de deux hommes fusillés pour avoir empoisonné des chevaux dans le Natal, et de trois hommes qui furent fusillés après le combat du 27 octobre 1900, près de Fredericstad. Ces hommes qui avaient mis bas les armes et auxquels on avait fait quartier, reprirent leurs fusils et tirèrent sur nos soldats par derrière. Il se peut qu'il y ait eu d'autres cas d'exécutions par ci par là sur le vaste théâtre de la guerre, mais je n'en trouve aucun indice, et s'il y en eut en effet, ils doivent être en très petit nombre. Depuis le commencement de l'année 1901, quatre hommes ont été fusillés dans le Transvaal; trois à Prétoria, après avoir été convaincus d'être des espions et d'avoir violé leur parole, et le quatrième à Johannesburg, où il s'était rendu coupable d'avoir gravement violé la neutralité en poussant les Boers à la révolte.

Au commencement de la guerre les neuf dixièmes des fermiers dans la partie septentrionale de la Colonie du Cap se rallièrent aux envahisseurs. La plupart de ces individus se rendirent lorsque les Boers furent expulsés, et le gouvernement anglais se rendant compte qu'ils avaient dû subir une forte contrainte et se trouver dans une position fort difficile, n'infligea d'autre punition aux simples soldats que la privation du droit de suffrage pendant un certain nombre d'années. Quelques-uns, comme, par exemple, les révoltés de Douglas, qui avaient été pris les armes à la main sur un champ de bataille, furent condamnés à la prison, le minimum étant d'une année, et le maximum de cinq ans.

Ceci se passait en 1900. En 1901 eut lieu une invasion de la colonie par les Boers fort différente de la première, car dans le premier cas le pays avait été de fait occupé par les troupes boers, qui se trouvaient donc capables d'imposer leur volonté aux habitants, tandis que dans cette seconde invasion les envahisseurs ne se composaient que de bandes de maraudeurs qui traversaient nombre de lieux, mais qui ne s'arrêtaient nulle part. Un sujet anglais se ralliant à l'envahisseur en 1900 pouvait avancer qu'il avait été forcé de le faire, mais en 1901 il était incontestable qu'il s'était rallié de plein gré.

Ces bandes de Boers étant d'une mobilité extraordinaire et ne se battant que lorsqu'elles étaient en nombre infiniment supérieur, pénétrèrent dans toutes les parties de la colonie, et amenèrent quelques sujets anglais à trahir. Elles s'occupaient surtout à attaquer de petits postes, à dérailler des trains, soit militaires, soit civils, et afin d'éviter les poursuites, elles massacraient sans trève les noirs qui auraient pu indiquer la direction prise par elles. Par leur présence elles jetaient le trouble dans la colonie et menaçaient les communications de l'armée

Supposons un cas analogue, afin de faire comprendre la situation à nos lecteurs français ou allemands. Supposons qu'une armée autrichienne envahisse l'Allemagne et qu'au moment où elle se trouve au cœur même de ce pays, des bandes de sujets autrichiens, d'origine allemande, se mettent à détruire les lignes de chemin de fer et à harceler les communications. C'est précisément ce qui se passa dans la Colonie du Cap. Dans ces circonstances les Autrichiens se montreraient-ils fort miséricordieux envers ces bandes rebelles, surtout si celles-ci ajoutaient à la trahison l'assassinat de sang-froid? Il est au moins permis d'en douter.

Mais les Anglais firent preuve d'une longanimité étonnante. Des centaines de ces rebelles leur tombèrent entre les mains, et la plupart en furent quittes pour une amende et un emprisonnement. Les chefs, et ceux qui furent convaincus de crimes entraînant la peine capitale, furent mis à mort. Je me suis donné beaucoup de peine pour établir la liste des exécutions qui eurent lieu en 1901, y compris celles dont j'ai déjà parlé, et elle est au moins à peu près exacte :

Nombre	Lieu	Date	Délit
2........	De Aar.........	19 mars 1901	Déraillement de trains.
2........	Prétoria........	11 juin.......	Boers ayant violé serment de neutralité.
1........	Middelburg.....	10 juillet.....	Pris les armes à la main.
1........	Cape-Town.....	13 —	—
1........	Cradock.	13 —	—
2........	Middelburg.....	24 —	—
2........	Kenhardt.......	25 —	—
1........	Prétoria........	22 août......	Espion boer.
3........	Colesberg	4 septembre.	Pris les armes à la main.
1........	Middelburg	10 octobre...	—
1........	Middelburg.....	11 — ...	—
1........	Vryburg (pendu).	12 — ...	—
Plusieurs.	Tarkastad.......	12 — ...	—
1........	Tarkastad	14 — ...	—
1........	Middelburg.....	15 — ...	—
2........	Cradock (dont l'un pendu l'autre fusillé).......	17 — ...	Déraillement de train et assassinat d'un noir.
2........	Vryburg........	29 — ...	Pris les armes à la main.
1........	Mafeking.......	11 novembre.	Meurtre d'un noir.
1........	Colesberg.......	12 — .	Pris les armes à la main, maraude et attentat, etc.
1........	Johannesburg...	23 — .	Portant bourgeois rendus à violer leur serment.
1........	Aliwal North....	26 — .	Déserteur de la gendarmerie du Cap.
1........	Krugersdorp....	26 décembre.	Massacre de blessés.
2........	Mafeking.......	27 — .	Assassinat de noirs.

Mettons que les « plusieurs » de Tarkastad, le 12 octobre, se montaient à trois, et nous avons un total de 34 ; chiffre qui s'augmentera sans doute par la suite, vu que la coutume des Boers d'assassiner les noirs inoffensifs, et même les enfants, nous obligera à sévir rigoureusement.

La liste ci-dessus comprend trois individus qui avaient déraillé des trains, les cas étant des plus graves, et les coupables étant eux-mêmes des révoltés du Cap; un espion; quatre assassins, dont les victimes étaient des noirs; un déserteur, qui enleva en même temps vingt chevaux appartenant à la gendarmerie du Cap, et les vingt-trois autres étaient des sujets anglais combattant contre leur propre pays et pris les armes à la main.

Depuis que ces lignes ont été écrites, le nom du jeune Scheepers est venu s'ajouter au nombre de ceux qui ont reçu la juste punition de leurs crimes. Beaucoup ont regretté sa mort, en vue de sa jeunesse, mais le fait qu'il avait assassiné non moins de sept noirs entraînait fatalement sa condamnation.

Otages transportés sur les trains de chemin de fer.

Cette fois-ci ce n'est point d'inhumanité envers l'ennemi que l'on devrait accuser les autorités, me semble-t-il, mais bien d'avoir négligé de prendre les mesures voulues pour assurer la sécurité de nos propres troupes. Le fait est que le nombre des victimes de déraillements et de dommages infligés à la ligne est aussi considérable que le chiffre de blessés et de tués à la suite d'une bataille importante. Cinq fois au moins de vingt à trente hommes furent mis hors de combat, et les occasions dans lesquelles un nombre moindre furent blessés et tués sont fort nombreuses.

Disons une fois pour toutes que nous ne nous plaignons aucunement de cela. Le déraillement de trains est de bonne guerre, et il est justifié par de nombreux précédents ; mais il est aussi de bonne guerre de l'empêcher en transportant des otages sur les trains, et de nombreux précédents justifient cette mesure. Les Allemands le firent continuellement en France, et le résultat prouva qu'ils avaient raison de le faire, ainsi qu'il l'a prouvé dans l'Afrique du Sud. Du jour où cette mesure fut prise par nous, en octobre 1901, il ne s'est pas produit un seul cas de déraillement, et il est certain qu'elle a contribué à sauver la vie de beaucoup de soldats et de nombre de nos combattants en outre.

Je termine ce chapitre en citant deux extraits — il serait facile d'en citer beaucoup d'autres — du journal du comte Sternberg, sujet autrichien. Le premier décrit la façon dont il fut traité par les hommes qui l'avaient fait prisonnier :

« Trois heures se passèrent ainsi sans que nous pussions ar-
« river à notre but. Alors le sergent commanda une halte pour

« prendre du repos. Nous nous assîmes à terre, et nous causâmes « de très bonne humeur avec les soldats ; de braves garçons, nul- « lement brutaux, mais, au contraire, très sympathiques. Ils « avaient pourtant bien le droit de nous en vouloir, car nous les « avions privés de sommeil après une rude journée ; toutefois « ils ne nous le firent nullement sentir, et se montrèrent des plus « aimables envers nous. Ils partagèrent même leur eau à boire « avec nous. Je ne saurais rendre ce que je ressentis cette nuit-là; « j'étais prisonnier ! »

Et il ajoute : — « Je dois répéter que les officiers anglais et les « soldats anglais ont fait voir dans le courant de cette guerre que « le métier des armes, loin d'avilir l'homme, l'ennoblit. »

CHAPITRE X

L'AUTRE COTÉ DE LA QUESTION. — LA CONDUITE DES BOERS.

Au mois de novembre 1900, après avoir entendu un grand nombre d'officiers, sur diverses parties du théâtre de la guerre, s'exprimer sur le compte des Boers, je déclarais dans mon livre, « *La Grande Guerre Boer* », que « les journaux ont répandu beau- « coup de sottes calomnies sur les Boers. Ceux qui ont le plus « souvent rencontré les Boers sur les champs de bataille ont bien « meilleure opinion d'eux. Il est absolument faux qu'ils aient de « sang-froid hissé le drapeau blanc afin d'attirer nos hommes dans « des embuscades. Nier leur courage c'est diminuer nos victoires « d'autant. »

Mon opinion personnelle ne pouvait avoir de poids, mais ce que j'écrivais alors, c'était le résumé des opinions qui m'avaient été communiquées par un grand nombre de personnes. Le général Porter me dit : — « L'ennemi a fait abus parfois du drapeau blanc; « mais quelle est la communauté quelque peu nombreuse qui ne « contienne pas de scélérats ? » Le général Lyttelton me dit : — « Les Boers sont braves, et je suis d'avis que les atrocités qui ont « été rapportées sont l'œuvre, non des bourgeois proprement « dits, mais de la canaille qui réussit à se faufiler dans n'importe « quelle armée. »

Il est dur d'avoir à l'avouer, mais il serait impossible de confirmer ces déclarations aujourd'hui. Si la guerre avait pris fin au moment où elle aurait dû le faire, les combattants eussent pu se séparer pleins d'un chevaleresque sentiment de respect pour des adversaires chevaleresques. Mais les Boers, après en avoir appelé au Dieu des armées, ne voulurent point se rendre à sa décision. De là cette lutte si longue, si amère et si inutile qui a entraîné la perte de tant de vies, tant de souffrances, et qui a fait baisser le ton de la guerre.

Il est juste de dire que pendant la première année de la guerre il se produisit nombre de faits qui exaspérèrent nos troupes. Les Boers sont une race de chasseurs, et ils eurent recours à des ruses qui semblaient à nos soldats, si francs du collier, lâches et impardonnables. Il est incontestable que des individus parmi les Boers abusèrent du drapeau blanc, et que d'autres se rendirent coupables de lever les mains afin d'attirer nos soldats et de leur faire quitter leur abri. Les cas de ce genre sont nombreux, et de fait lord Roberts en fut témoin lui-même, et protesta officiellement ainsi qu'il suit :

« Un autre cas d'abus inexcusable du drapeau blanc et du « lèvement de mains en signe de reddition s'étant produit, il est « de mon devoir de faire savoir à Votre Honneur que si cet abus « se produit de nouveau, je serai, à mon grand regret, forcé d'or- « donner à mes troupes de ne plus faire attention au drapeau « blanc.

« Le fait en question a eu lieu sur la *kopje* (colline) à l'est de « la ferme Driefontein hier au soir, en vue de plusieurs des offi- « ciers de mon état-major et sous mes propres yeux; il en résulta « que plusieurs de mes officiers et de mes hommes furent blessés.

« Une grande quantité de balles explosives, de trois sortes « différentes, a été découverte dans le laager de Cronje, et aussi « après chaque engagement avec les troupes de Votre Honneur.

« De telles infractions aux usages reconnus de la guerre et à « la Convention de Genève, font la honte d'une puissance civi- « lisée. »

Les officiers anglais, toutefois, n'étaient point déraisonnables. Ils comprenaient qu'ils faisaient la guerre à des troupes dont chaque individu agissait selon son bon plaisir. Il eût été injuste d'accuser les chefs responsables de trahison voulue chaque fois qu'un bourgeois dénué de scrupules jouait quelque vilain tour. D'ailleurs nos gens se rendaient parfaitement compte que le drapeau blanc avait pu être déployé par un lâche, et que ses braves camarades avaient refusé d'en tenir compte, ainsi que nos soldats eux-mêmes eussent bien pu le faire maintes fois. C'est pourquoi nos troupes ne ressentaient pas une indignation bien profonde envers les ennemis, et je crois que la plupart des officiers se seraient rangés à cet avis.

Dès le commencement la position des Boers, envisagée au point de vue des lois reconnues de la guerre, avait été absolument irrégulière. Le premier article des conventions de la Haye affirme que l'armée qui prétend jouir des droits accordés aux belligérants, doit porter une marque facile à reconnaître à distance. Il est vrai que le second article porte qu'une population qui n'a pas le temps de s'organiser et qui se défend, est excusable si elle ne se conforme pas à la loi; mais au début de la guerre les Boers étaient des envahisseurs, et vu leurs longs et minutieux préparatifs, il est absurde de prétendre qu'il leur était impossible de faire porter un signe distinctif quelconque aux bourgeois formant partie des commandos. Quand enfin ils se décidèrent à porter une espèce d'uniforme, ils se conduisirent fort mal, car ils se vêtirent des uniformes *khâkis* pris à nos propres soldats, et grâce à ce déguisement, il réussirent à mener à bien plusieurs surprises. C'est une nouvelle preuve de la mansuétude de nos soldats qu'un très grand nombre de ces bourgeois affublés de khâki sont tombés entre nos mains, et que pourtant on ne leur a infligé aucune punition en retour de leur infraction si dangereuse aux règles de la guerre. Sous ce rapport, comme sous celui du déraillement des trains, nous avons été de beaucoup trop cléments. Si les six premiers bourgeois pris portant notre uniforme avaient été fusillés, nous aurions sauvé la vie à un grand nombre de nos hommes.

Mais on passa par-dessus la question de l'uniforme comme on avait passé par-dessus la question de l'abus du drapeau blanc. Nous fîmes largement la part des difficultés qu'entraînait la guerre du côté de nos ennemis, et des nouveautés qu'elle offrait. Nous nous efforcions de croire qu'ils cherchaient à se battre loyalement; le plus loyalement possible. Et cependant leurs façons d'agir étaient déjà bien cruelles. Voici par exemple, la déposition jurée d'un soldat fait prisonnnier dans un des combats autour de Ladysmith :

« Déposition du N° 6,418, F. Ayling, soldat du 3e bataillon des « carabiners royaux du roi *(King's Royal Rifles)* :

« Près de Colenso, le 25 février 1900. »

« Je fus fait prisonnier vers cinq heures du matin, le 23 cou- « rant, par les Boers, étant si loin en avant de ma compagnie que

« je ne pouvais battre en retraite. Je fus relâché le 25, vers les « dix heures du matin, et je ralliai mon régiment.

« Pendant tout ce temps on me fit rester dans les retranche- « ments boers, sans eau et sans pain. Il y avait bien une ving- « taine de nos blessés gisant tout près des retranchements; ils « demandaient sans cesse à boire, mais jamais les Boers ne vou- « lurent leur donner une goutte d'eau. Si un blessé se remuait, « ils lui tiraient dessus. La plupart moururent faute de secours, « car ils restèrent là pendant deux jours et deux nuits. Les Boers « (qui paraissaient tous être anglais) disaient : « Laissez-les « mourir, ne leur donnez pas d'eau. »

D'autre part, cependant, il faut rappeler les cas où des Boers plus humains firent preuve de sympathie et de générosité envers nos blessés et nos prisonniers.

Mais à mesure que la guerre se prolongeait, l'ennemi devenait de plus en plus féroce, et c'est une preuve suprême de la discipline des troupes anglaises qu'elles se sont retenues et n'ont point voulu punir la nation entière à cause des crimes et des trahisons d'un certain nombre.

Le premier crime avéré, le premier meurtre commis pendant la guerre, est l'assassinat du lieutenant Neumeyer, qui eut lieu vers la fin de novembre 1900. Les faits, constatés officiellement depuis lors, furent rapportés d'Aliwal au moment même, ainsi qu'il suit :

« Le lieutenant Neumeyer, commandant la gendarmerie de « la Rivière Orange à Smithfield, passait ici hier, en voiture « découverte, et sans armes, quand il fut arrêté par deux Boers, « qui le firent prisonnier, lui mirent les menottes et le tuèrent « traîtreusement à coups de revolver dans le dos et dans la tête. »

« Les meurtriers enlevèrent les guêtres que portait le lieute- « nant Neumeyer, le fouillèrent pour voir s'il avait de l'argent « sur lui, et ensuite jetèrent le corps dans un fossé *(sluit)*, où il « fut découvert un peu plus tard par la gendarmerie du Cap, qui « le transporta ici. Deux noirs furent témoins oculaires du « meurtre. Le lieutenant Neumeyer avait servi avec distinction « dans la campagne de Rhodesia. »

Ce fut dans le cours de cette dernière partie de la guerre que les Boers inaugurèrent le massacre systématisé des Cafres, le trait le plus féroce et le plus horrible de leur politique militaire. Anglais et Boers ont tous deux fait usage des Cafres, les employant comme conducteurs, domestiques et éclaireurs, mais ni les uns ni les autres comme soldats. Rien n'eût été plus facile pour les Anglais que d'abîmer la résistance des Boers dès le début de la guerre. Ils n'avaient qu'à lâcher sur eux les Basutos, les Zulus, les Swasis et toutes les tribus entre lesquelles et les Boers il y a vendetta. Il est certain que les Boers eux-mêmes ne se fussent point fait scrupule d'avoir recours à de telles mesures, car Paul Botha témoigne qu'en 1887, quand le Transvaal s'était pris de querelle avec l'Etat Libre d'Orange, les Boers s'étaient arrangés avec un des chefs cafres qui devait prendre leurs cousins en traître. Botha déclare :

« Je suis absolument renseigné là-dessus, car je faisais partie « du commando envoyé par notre gouvernement à la rencontre « des forces du Transvaal. En fin de compte la dispute fut « arrangée à l'amiable; toutefois, tout incroyable que cela semble, « le Transvaal avait envoyé cinq individus, l'infâme Karel Geere « en tête, à Mosheh, chef des Basutos, pour l'amener à nous « attaquer, *nous*, leurs parents, par derrière. Je faisais partie de « la patrouille qui fit prisonniers Geere et ses camarades; j'ap- « pris à en connaître plusieurs par la suite, et l'un d'eux me « révéla le honteux et lâche complot. »

En voilà assez pour donner à entendre ce qui eût pu nous arriver au cas où les sympathies des noirs se fussent portées contre nous. Dans la lettre de Snyman à son frère, déjà citée par moi, Snyman déclare que Kruger lui avait dit qu'il comptait sur le secours des Swazis et des Zulus. Néanmoins, sauf en accordant aux Cafres le droit de défendre leurs vies et leurs biens en cas d'attaque, ainsi qu'il en advint aux Baralongs à Mafeking et aux Cafres dans le Transkeï, ce n'est que dans les charges des caricaturistes du continent que nous avons fait usage des noirs. Les Cafres nous étaient de la première importance comme conducteurs, domestiques, guides et éclaireurs, et les Boers se rendant parfaitement compte de ce fait, s'efforcèrent, dès que la fortune de la guerre leur devint contraire, de les terroriser et de les amener à nous abandonner, les tuant sans merci toutes les fois qu'ils pouvaient, d'une façon ou d'une autre, établir que ces malheureux avaient eu des relations avec les Anglais. Il est impossible de dire combien de centaines de ces malheureux ont été massacrés de cette manière. Si les Anglais subissaient une défaite, les Boers ne faisaient pas de quartier aux conducteurs des voitures et aux domestiques noirs. Les commandos boers détruisaient les indices de leur passage en mettant à mort tous les Cafres capables de nous donner des renseignements; ils tuaient les enfants mêmes. Lord Kitchener rapporte qu'une colonne anglaise poursuivant de près un commando boer, trouva quatre petits garçons cafres, le crâne brisé, dans un kraal que les Boers venaient d'abandonner.

Un cas qui émut profondément les Anglais fut celui d'Ésaü, le forgeron noir, homme intelligent et instruit, qui vivait en bon sujet anglais dans la ville anglaise de Calvinia. D'aucune façon l'homme ne pouvait être dit espion, puisqu'il n'était jamais sorti de sa ville, et les documents suivants feront comprendre que la nation anglaise n'aura pleinement rempli son devoir que le jour où elle aura fait justice des assassins. Une lettre touchante, adressée par Ésaü au gouverneur du district, a été livrée à la publicité. Dans cette lettre il déclare qu'advienne que pourra, il restera fidèle au drapeau sous lequel il est né. Puis vint la nouvelle de sa mort.

« Abraham Ésaü, loyal forgeron noir, fut fouetté sans pitié « pour avoir refusé de dire où il y avait des armes de cachées. « Il tomba malade d'une inflammation des reins, ce qui n'em- « pêcha pas qu'il fut fouetté encore une fois à travers le village « à coups de sjambok, jusqu'à ce qu'il fut incapable de marcher. « Il fut alors fusillé. » Calvina le 8 février. (*Times* du 16 février « 1901; p. 7. [3].)

« Le chirurgien du lieu, par dépêche adressée au ministre « des colonies, a pleinement confirmé le fait qu'Ésaü fut fouetté « et tué par un Boer du nom de Strydon, qui déclara avoir exé- « cuté les ordres qu'il avait reçus. Il n'y eut pas ombre de procès, « et nulle raison ne fut avancée pour justifier le crime. » Cape-Town, le 19 février (*Times* du 20 février 1901, p. 5 [3]).

M. Brodrick, ministre de la guerre, en réponse à une interpellation que lui adresse M. Labouchère à la Chambre des Communes, le 21 février, déclare que « le rapport que les Boers ont « fouetté un noir du nom d'Ésaü à Calvinia, se fonde sur un « télégramme de Reuter, confirmé par la suite par le rapport du « chirurgien du district de Calvinia, à Cape-Town. » (*Times* du 22 février 1901.)

Interpellé à la Chambre des Communes le 22 février, par M. Dillon, M. Brodrick répond : — « J'ai reçu une dépêche « télégraphique de Sir Alfred Milner qui confirme les rapports

« qui m'étaient parvenus de diverses sources. Le Haut Commis-
« saire dit que le chirurgien du district qui a rapporté les mau-
« vais traitements subis par le noir, s'appelle Foote, et Sir
« Alfred Milner ajoute : — « Il est incontestable qu'Ésaü a
« été assassiné. » (*Times* du 23 février 1901.)

Au commencement de la guerre, ordre fut donné que les éclaireurs noirs ne devaient point être armés, afin d'éviter toute accusation portant que nous armions les noirs. Mais quand l'on vit que les Boers les tuaient systématiquement, on leur fournit des carabines, car il eût été inhumain de les exposer au danger sans leur donner les moyens de se défendre. Si je ne me trompe, on a aussi employé récemment quelques gardes-lignes cafres armés dans le cours de certaines opérations, mais toujours sous la réserve qu'ils ne devaient faire usage de leurs armes que pour se défendre. Il me semble que nous autres Anglais avons fait preuve d'une modération dont l'histoire offre peu d'exemples, puisque, malgré les difficultés qui nous pressaient de toutes parts, et le fait que nous pouvions lancer notre nombreuse armée des Indes, si admirablement disciplinée, sur l'ennemi, nous n'en avons rien fait. Cependant les Français n'hésitèrent pas un seul instant à faire usage des Turcos contre les Allemands, et les Américains ne s'interdirent point l'usage de régiments de noirs contre les Espagnols. Mais nous avions résolu que la guerre se ferait entre blancs seulement, et je suis d'avis qu'en ce faisant nous agîmes sagement et bien.

Les Boers portèrent leur tactique d'assassinat contre les noirs si loin, que des sujets de teint brun faits prisonniers par eux coururent de graves dangers. C'est ainsi qu'après l'escamourche de Doorn River, le 27 juillet 1901, les sept éclaireurs cafres pris avec les Anglais furent fusillés de sang-froid, et en même temps un Anglais nommé Finch, les Boers alléguant qu'il avait du sang cafre dans les veines. Voici la déposition qui constate ce meurtre :

« N° 28284, Charles Catton, soldat de la 22e *Imperial Yeo-*
« *manry*, ayant dûment prêté serment, déclare :

« A Doorn River, le 27 juillet 1901, je faisais partie de la
« patrouille prise par les Boers. Après nous être rendus, je vis
« un homme étendu à terre, blessé, entre deux noirs. Je vis un
« Boer s'avancer vers lui et lui tirer un coup de fusil dans la
« poitrine. Je remarquai que l'homme, qui était le soldat Finch,

« était encore vivant. Je ne sais pas le nom du Boer qui le fusilla, « mais je le reconnaîtrais bien. »

N° 33966, F. W. Madams, soldat, ayant dûment prêté serment, atteste :

« Je faisais partie de la patrouille prise par les Boers le « 27 juillet 1901, près de Doorn River. Après nous être rendus, « j'allai à la recherche de mon chapeau, et l'ayant trouvé, je « passais justement près du blessé, le soldat Finch, et je vis un « Boer, dont je ne sais pas le nom, tirer un coup de revolver dans « la poitrine de Finch. Je pourrais reconnaître l'individu qui fit « le coup. »

Ces scandaleux assassinats de Cafres, contre lesquels ni la presse boerophile en Angleterre, ni les journaux boerophiles du continent n'ont protesté, ont atteint des proportions monstrueuses. Voici quelques témoignages tirés de rapports officiels de date récente :

A Magaliesberg. — En octobre ou novembre 1900, les cadavres de neuf noirs furent découverts étendus les uns près des autres sur le sommet de la Magaliesberg. Cinq d'entre eux avaient été employés par le service des renseignements, et les autres étaient des noirs employés par les Boers, que ceux-ci soupçonnaient d'avoir communiqué des renseignements à l'ennemi. A l'heure qu'il est, il est difficile de mettre la main sur les témoins, qui sont tous des noirs ; mais il paraît que les neuf noirs furent traduits devant un conseil provisoire présidé par B.-A. Klopper, ex-président du Volksraad, et qu'ils furent condamnés à mort. Hendrik Schoeman, fils du feu général de ce nom, et Piet Joubert formèrent, dit-on, l'escorte.

Cinq noirs assassinés près de Wilge River. — Le 11 mars 1901, les Boers s'emparent d'un convoi près de Wilge River, dans le Transvaal ; ils mettent à part cinq noirs, les fusillent et jettent leurs corps dans un fossé. Le caporal Sutton, du régiment Hampshire, voit un Boer tirer cinq coups dans le corps d'un noir qui était à terre. D'autres soldats qui étaient dans le train déclarent avoir vu un individu tuer cinq noirs de sang-froid.

Huit garçons cafres. — Vers le 17 juillet 1901, huit garçons cafres, de douze à quatorze ans, sortirent d'Uitkjik, près d'Edenburg, pour aller chercher des oranges. Pas un d'eux n'avait d'armes. Les Boers tirèrent sur eux, en tuèrent un et en prirent six. Le huitième s'échappa, et se trouve en ce moment, sous les ordres du commandant (*major*) Damant. Le brigadier Willett, des chevau-légers Damant (*Damant's Horse)*, vit plus tard les corps de garçons noirs près de la ferme, mais ils étaient tellement défigurés qu'il était impossible de constater leur identité. On envoya alors des Cafres d'Edenburg, et ceux-ci reconnurent les garçons. On croit que les Boers laissèrent la vie sauve à l'un des garçons, son corps n'ayant point été recouvré. Le lieutenant Kentish, des fusiliers Royal-Irlandais (*Royal Irish Fusiliers*), a vu les cadavres et confirme le fait de l'assassinat ; il dit que les Boers étaient commandés par le feld-cornet Dutoit.

Affaire Klass, à Langspruit, Standerton. — La femme de Klass déclare que le 3 août 1901, Cornélius Laas, de Langspruit, et un autre Boer, pénétrèrent dans le kraal, et ordonnèrent à Klass de les suivre. Sur son refus, ils l'accusèrent d'avoir communiqué des renseignements aux Anglais, et C. Laas lui fit sauter la cervelle par derrière quand il chercha à s'échapper. Une autre femme noire, la femme d'un pasteur noir à Standerton, vit le cadavre.

Affaire de deux noirs près de Hopetown. — Le 22 août 1901, C.-P. Fivaz, soldat dans la gendarmerie à cheval du Cap, accompagné de deux noirs, fut pris près de Venter Hoek, district de Hopetown, par un corps boer sous les ordres du commandant Van Reenan. Au moment où il fut pris, il avait dessellé son cheval, et les noirs étaient endormis dans l'écurie. Il entendit Van Reenan ordonner à ses hommes de fusiller les noirs, et l'un d'eux fut en effet fusillé sans perte de temps en sa présence, et on lui dit que l'autre avait été fusillé aussi. L'habitant de la ferme A. G. Liebenberg, qui, à cinq heures du matin, avertit Fivaz que l'ennemi approchait, enterra les deux cadavres sur les lieux mêmes où ils étaient tombés, c'est-à-dire, l'un à environ trente-six mètres de la maison, et l'autre à environ quatre cent cinquante mètres. Sa déclaration est renforcée par celle de son fils, qui vit tuer un des noirs.

Affaire John Makran. — John Makran et Alfius Rampa (le témoin) sont des noirs qui n'ont pas d'armes et qui habitent près de Warmbaths, au nord de Prétoria. Dans la soirée du 17 septembre 1901, Andries Van der Walt et un parti de Boers entourèrent la demeure de Makran. Van der Walt ordonna au noir de sortir, et dès qu'il parut deux hommes s'emparèrent de lui. Ces deux individus lui tinrent les mains pendant que Van der Walt, se tenant à quatre ou cinq mètres derrière lui, le tua d'un coup de fusil Mauser dans la tête. Le noir tomba, et Van der Walt lui envoya une autre balle dans le cœur, puis lui ouvrit le front avec un couteau. Makran et Rampa avaient été autrefois employés par Van der Walt.

Affaire à Zandspruit. — Dans la nuit du 1er octobre 1901, vers onze heures et demie, un gros de Boers entoura une maison de noirs à Dassie Klip, près de Zandspruit, et tua quatre noirs dans la maison et aux alentours. Il y avait vingt-quatre Boers, sous les ordres des chefs suivants : Dirk Badenhorst, de Dassie Klip ; Cornélius Erasmus, de Streepfontein, et C. van der Merwe de Rooi Draai. Les témoins dans cette affaire sont tous des noirs demeurant à Dassie Klip, et tous les Boers étaient parfaitement connus d'eux. Un des noirs, du nom de Karle, tenta de s'échapper en franchissant une muraille, mais il fut blessé à la cuisse. Voyant qu'il n'était pas mort, Stoffel Visagie, de Skuilhoek, tira son revolver et lui envoya une balle dans le cerveau. L'accusation portée contre ces noirs paraît être qu'ils avaient hébergé des éclaireurs anglais.

Affaire de Jim Zulu. — Vers le 18 octobre 1901. V.-C. Thys Pretorius, de Prétoria probablement, accompagné de 70 hommes, se rendit à Waterval North, sur la ligne Prétoria-Pietersburg, assassina deux noirs, et en blessa trois autres, dont l'un mourut par la suite. Les témoins déposent que dans la matinée du 18 octobre 1901, Pretorius se rendit à une mine de houille près de Waterval North, fit appeler Jim Zulu, et lorsque celui-ci parut, il le fusilla en plein visage. Le malheureux mourut de ses blessures trois jours plus tard. Au même temps Pretorius et un autre individu, du nom de Dorsehasmus, tuèrent encore trois autres noirs à coups de fusil.

Voici encore une liste qui prouve que ces cruautés sont bien systématisées, et que je reproduis dans sa concision officielle :

Rapport du magistrat résident, Barkly West, le 28 janvier 1900. — Porteur de dépêches noir, tué et mutilé.

Novembre ou décembre 1900. — Deux noirs fusillés près de Virginia, accusés d'avoir indiqué la route de Ventersburg aux Anglais.

Rapport du magistrat résident, Taungs, le 4 décembre 1900. — Trois noirs assassinés à Border Siding.

Le 18 décembre 1900, J. Johnson et J. Dilmar, du commando de J. Joubert, fusillent un noir, du nom de Philips, à Vlakplats, à douze kilomètres et demi au sud-ouest de Prétoria.

Rapport du magistrat résident, Taungs, le 24 décembre 1900. — Noir fusillé par les Boers à Pudimœ. Trois noirs tués à Christiana.

Rapport du magistrat résident, Herschel, le 6 janvier 1901. — Deux noirs fusillés, accusés d'espionnage.

Rapport du magistrat résident, Calvinia, le 29 janvier 1901. — Affaire Esaü : d'autres noirs maltraités.

Le 28 février 1901. — Zulu fusillé à Zevenfontein, entre Prétoria et Johannesburg, par les hommes du commando du feldcornet Jan Joubert, qui l'accusent d'avoir donné des renseignements aux Anglais.

Rapport du magistrat résident, Cradock, le 21 mars 1901. — Assassinat de Salmon Booi, témoin noir.

Rapport du magistrat résident, Taungs, le 8 mai 1901. — Noirs fusillés à Manthe par les Boers.

Rapport du magistrat résident, Gordonia, le 23 mai 1901. — Noir fusillé.

Le 25 mai 1901. — District de Harrismith. Noir accusé de paresse et d'insolence fusillé par les hommes du commando de M. Prinsloo.

Le 28 mai 1901. — Trois noirs pris et fusillés à Sannah's Post.

Le 5 juin 1901. — Trois noirs appartenant à la colonne du colonel Plumer pris et fusillés près de Paardeberg.

Le 27 juillet 1901. — Sept noirs pris avec une patrouille de l'*Imperial Yeomanry* près de Doorn River Hut, fusillés sur-le-champ.

Rapport du service des renseignements. Colonie du Cap Orientale, le 29 juillet 1901. — Le commandant Myburgh fait fusiller les noirs.

Rapport du magistrat résident, Aliwal North, le 30 juillet 1901. — Noirs fusillés près du camp des réfugiés.

Le 23 août 1901. — Noir pris avec un soldat de la *Black Watch* (42e Montagnards) près de Chocolan, et fusillé devant lui.

Le 1er septembre 1901. — Quatre noirs, faisant partie de la colonne du colonel Dawkins, pris dans le district de Fauresmith, et fusillés par ordre du juge Hertzog.

Rapport du magistrat résident, Aliwal North, le 4 septembre 1901. — Les Boers, sous Bester, J. P., d'Aliwal North, traitent les noirs avec la dernière cruauté.

Rapport du magistrat résident, Riversdale, le 4 septembre 1901. — Deux noirs, porteurs de dépêches, fouettés d'une façon terrible.

Rapport du service des renseignements, Colonie du Cap Méridional, le 18 septembre 1901. — Noirs assassinés par ordre de Théron.

Rapport du commissaire en chef, Richmond, le 23 septembre 1901. — Le commandant Malan fait fusiller deux noirs sans armes.

Rapport du magistrat résident, Prieska, le 26 septembre 1901. — Assassinat de deux noirs sans armes.

Rapport du colonel Hickman, Ladysmith, le 1er octobre 1901. — Scheepers fusille deux noirs.

Date incertaine. — Un noir est tué dans sa cellule dans la prison de Petersburg par deux Boers à l'approche des Anglais.

En voilà des meurtres de Cafres ! Espérons que ni l'opportunisme ni le désir de concilier l'ennemi aux dépens de la justice n'empêchera une rigoureuse enquête de chacune de ces affaires, et que les coupables seront punis avec la plus grande rigueur.

J'en reviens à la façon dont les Boers se sont conduits envers leurs adversaires blancs. Tant qu'ils furent constitués en armée et qu'ils se battirent sous les yeux de chefs honorables, leur conduite, en somme, fut bonne, mais la guerre de guérilla entraîna, comme toujours, la démoralisation, et l'humanité qui règne d'ordinaire entre des adversaires civilisés, subit de fortes atteintes. Non que je veuille donner à entendre que les guérillas boers imitèrent la conduite des guérillas espagnols de 1810 ou des guérillas mexicains en 1866. Il serait absurde de le prétendre. On fit quartier aux Boers, et eux aussi firent quartier. Mais il se produisit nombre de faits isolés et nombre de cas généraux qui prouvent que la démoralisation s'était introduite dans leurs rangs.

Parmi les cas isolés je cite celui de la mort du lieutenant Miers. Voici le rapport officiel :

« Prétoria, le 27 septembre.

« Le lieutenant Miers, de l'infanterie légère Somerset (*Somerset Light Infantry*) de service avec la gendarmerie sud-africaine (*South African Constabulary*), quitta son poste à Riversdraai, le 25 septembre, pour aller à la rencontre de trois Boers qui s'approchaient, portant un drapeau blanc. Ces hommes, après avoir échangé quelques mots, tuèrent le lieutenant Miers à coups de fusil, et filèrent au galop. Une enquête est ouverte et l'on prend des dépositions. »

Un rapport plus ample fut fait par le sous-officier qui assistait à l'affaire. Il raconte que les Boers s'approchèrent du fort, agitant un drapeau blanc; qu'un caporal alla à leur rencontre, et qu'ils lui dirent qu'ils désiraient parler à un officier; que le capitaine Miers sortit à cheval tout seul, et qu'alors :

« Dès que l'officier fut parvenu un peu au delà du ruisseau (*spruit*), le Boer qui portait le drapeau blanc s'avança à sa rencontre. L'officier continua à avancer jusqu'à ce qu'il fût tout près du coquin. Au bout de deux ou trois minutes, nous les vîmes tous deux se diriger vers les deux autres Boers, qui étaient bien à trois kilomètres de notre fort. Quand ils eurent rejoint les autres Boers, je vis le capitaine descendre de cheval, le groupe dont il faisait partie étant en partie caché par un renflement de terrain. Au bout de cinq ou six minutes, nous entendîmes le faible son d'un coup de fusil, et tout de suite nous vîmes la jument grise du capitaine filant vers l'ouest à travers la plaine, sans cavalier, et poursuivie à toute bride par un des Boers. »

Voici maintenant une preuve de la démoralisation générale, que je puise dans la déposition d'un soldat qui prit part au combat de Graspan, le 6 juin, combat qui a été utilisé tant et si bien par les calomniateurs de notre armée :

N° 4703, James Hanshaw, sous-caporal au 2e bataillon du régiment Bedfordshire, ayant dûment prêté serment, déclare : — « J'étais présent à Graspan, le 6 juin 1901, quand nous fûmes attaqués par les Boers, auxquels nous venions d'enlever un convoi. Je me rendis vers les voitures, mais je découvris que

« les Boers y étaient déjà; et voyant qu'ils étaient en trop grand « nombre, et que toute résistance était inutile, nous levâmes la « main et mîmes bas les armes. Le soldat Blunt, qui était à mes « côtés, cria : Ne me tuez pas; j'ai mis bas ma carabine! Sur « quoi les Boers le tuèrent à coups de fusil, bien qu'il eût les « deux mains levées au-dessus de la tête. Le lieutenant Mair « s'écria alors : Soyez donc miséricordieux, lâches que vous êtes! « Les Boers tirèrent avec le plus grand sang-froid sur le lieu- « tenant Mair, qui était debout, les mains levées au-dessus de la « tête, et le tuèrent. Ils fusillèrent aussi les soldats Pearse et « Harvey, qui tous deux étaient debout, les mains levées; la « même balle frappant Pearse au nez et tuant Harvey. Deux « Boers s'élancèrent des voitures, menacèrent de me tuer, me « donnèrent des coups de pied, et me dirent de me jeter à terre. »

N° 3253, E. Sewell, soldat au 2e bataillon du régiment Bedfordshire, ayant dûment prêté serment, déclare : — « J'assistais « au combat de Graspan, le 6 juin 1901. Vers midi, ce jour-là, « les Boers attaquèrent le convoi. Je battis en retraite sur le « parti commandé par le lieutenant Mair, et alors, voyant que « nous étions débordés par le nombre, nous levâmes les mains. « Les Boers nous enlevèrent nos armes, et se retirèrent derrière « des *kraals*. Peu après ils revinrent, et deux d'entre eux « crièrent : Levez les mains! Nous répondîmes que nous étions « déjà prisonniers, et qu'on nous avait enlevé nos armes. Le « soldat Blunt leva les mains, disant en même temps : Ne me « tuez pas; j'ai déjà levé les mains. Les Boers lui crièrent alors : « Attrape! et lui tirèrent un coup de fusil dans l'estomac. Le « lieutenant Mair sortit alors d'entre les voitures, et dit : Soyez « donc miséricordieux, lâches que vous êtes! Le Boer à cheval « le tua d'un coup de fusil. Le cheval touchait presque le lieu- « tenant Mair en ce moment-là. Puis le Boer tira sur le sous- « caporal Harvey et le soldat Pearse, qui étaient debout « ensemble, les mains levées au-dessus de la tête; la balle blessa « le soldat Pearse et tua le sous-caporal Harvey. »

Et maintenant, la preuve du massacre des blessés à Vlakfontein, le 29 mai 1901 :

D. Chambers, soldat de la compagnie H, 1er bataillon du régiment Derbyshire, ayant dûment prêté serment, dépose : — « Pendant que j'étais étendu à terre blessé, j'ai vu un Boer tuer

« deux de nos blessés gisant près de moi. Ce même Boer me lâcha « aussi un coup de fusil, mais il me manqua. »

W. Balcom et Charles Girling, soldats au 1er bataillon du régiment Derbyshire, ayant dûment prêté serment, déposent : — « Nous étions étendus à terre, avec deux autres blessés, quand « quatre Boers s'approchèrent et firent un feu de salve sur nous. « Nous fûmes tous frappés, et le soldat Goodwin, de notre régi- « ment, fut tué. Les Boers s'emparèrent alors de nos armes, nous « injurièrent, et s'en allèrent à cheval. »

Sargent, caporal du 1er bataillon du régiment Derbyshire, ayant dûment prêté serment, déclare : — « J'étais blessé et « étendu à terre derrière un rocher; je vis un Boer tuer un offi- « cier de *yeomanry*, blessé à la main, comme celui-ci s'en allait.

Chambers, sergent provisoire de la 69e compagnie d'*Imperial Yeomanry*, ayant dûment prêté serment, dépose : — « J'ai vu « un Boer, de courte taille et à barbe noire, se promener la cara- « bine sous le bras, comme si c'était une arme de chasse, et je « l'ai vu tuer trois de nos blessés. »

A.-C. Bell, soldat à la 69e compagnie d'*Imperial Yeomanry*, ayant dûment prêté serment, atteste : — « J'entendis un des « Boers crier à un des nôtres de lever les mains, ce que celui-ci « ayant fait, le Boer le tua d'un coup de fusil. Le Boer était à « une quinzaine de pas, et moi à une vingtaine. »

T. George, soldat de la 69e compagnie d'*Imperial Yeomanry*, ayant dûment prêté serment, dépose : — « Je retournais au camp, « étant blessé, quand je vis un Boer, âgé d'environ dix-sept ans, « tuer un blessé des Derbyshires, qui demandait de l'eau. Puis « ce Boer vint à moi, et m'enleva ma bandoulière. »

W.-H. Blackburn, canonnier de la 28e batterie de l'artillerie royale de campagne (*Royal Field Artillery*), ayant dûment prêté serment, dépose : — « Je vis un Boer enlever à un des « hommes du régiment Derbyshire, son fusil et sa bandoulière, « et le tuer après. Ce même Boer vint à moi et me somma de « lui livrer ma carabine. Je la lui montrai jetée à terre. »

L'appétit vient en mangeant. Et voici ce qui eut lieu lorsque l'arrière-garde de la colonne Benson fut détruite à Brakenlaagte :

Le commandant (*major*) N. E. Young, D. S. O. (*décoré*), de l'artillerie royale de campagne (*Royal Field Artillery*), transmet au général commandant en chef un rapport sur les cruautés infligées par les Boers aux officiers et aux hommes blessés dans le combat auquel prit part la colonne du colonel Benson à Brakenlaagte. Le rapport porte la date du 7 novembre, à Prétoria, et la lettre de lord Kitchener qui l'accompagne, est datée le 9 novembre.

Le commandant (*major*) Young, chargé par lord Kitchener d'ouvrir l'enquête sur les accusations de cruauté dit :

« Sur cent quarante-sept sous-officiers et hommes blessés vus « par moi, cinquante-quatre n'étaient point tombés au pouvoir « des Boers. Des quatre-vingt-treize restants, dix-huit m'affir- « mèrent ne pas avoir de plaintes à faire.

« Soixante-quinze sous-officiers et soldats se sont plaints « d'avoir été maltraités plus ou moins gravement. Presque tous « s'étaient vu voler leur argent, leurs montres et leurs papiers.

« Un grand nombre s'étaient vu enlever une partie de leurs « vêtements, chapeaux, tuniques et chaussons, ne conservant sou- « vent qu'une vieille chemise et une paire de caleçons.

« Il est avéré que les blessés gisant autour des canons furent « fusillés par les Boers, qui les avaient déjà désarmés, long- « temps après que tout feu, venant de notre côté, avait cessé dans « ce voisinage.

« Feu le colonel Benson même ne fut point respecté en sa « personne, bien qu'un des chefs le protégeât pendant un temps. « On lui enleva ses éperons, ses guêtres et ses papiers particu- « liers. »

Le commandant (*major*) Young termine son rapport dans ces termes :

« Les dépositions que j'ai entendues ont été faites si simple- « ment que je suis convaincu qu'elles sont vraies et nullement « exagérées de parti pris. Il paraît être clair que quoique les « chefs boers désirent empêcher leurs subordonnés de commettre « des attentats et des meurtres, ils ne sont plus capables de le « faire. »

Le lieutenant G. Acland Troyte, des carabiniers royaux du roi (*King's Royal Rifle Corps*), 25ᵉ infanterie à cheval, déclare : — « Je fus blessé le 25 octobre dans un combat d'arrière-garde « qu'eut à soutenir la colonne du colonel Benson, près de Kaf-

« firstadt. Les Boers s'avancèrent et me dépouillèrent de tout, « sauf mes caleçons, ma chemise et mes chaussons. Ils me don- « nèrent une vieille paire de pantalons, et, plus tard, un habit. »

Le lieutenant Reginald Seymour, du 1er bataillon du *King's Royal Rifle Corps,* 25e infanterie à cheval, atteste : — « Le « 30 octobre ma compagnie fut dépêchée pour renforcer l'arrière- « garde de la colonne du colonel Benson. Je fus blessé de bonne « heure. Les Boers s'approchèrent; ils m'enlevèrent ma capote, « mes guêtres, mes éperons et mon casque. Ils enlevèrent aux « autres blessés leur argent et leurs montres, mais, sauf dans le « cas d'un seul individu, ils leur laissèrent leurs vêtements. Puis « ils nous abandonnèrent sans nous porter les moindres secours. « Plus tard, deux Boers revinrent sur leurs pas, et enlevèrent « la capote d'un de nos hommes que l'on m'avait jetée pour me « couvrir. Un de ceux qui nous dépouillèrent était appelé com- « mandant par les autres. »

Le capitaine G.-W. Collins, du régiment Cheshire : — « J'étais « l'officier chargé du service des signaux sous les ordres du « colonel Benson le 30 octobre. Je fus blessé, et j'étais à terre « à une centaine de mètres environ derrière les canons. Un feld- « cornet s'approcha, mais s'éloigna sans me faire de mal. Vers « cinq heures et demie, ou un peu plus tard, arrivèrent les ambu- « lances, et je fus relevé. L'ambulance dans laquelle je me trou- « vais, alla plus loin et le colonel Benson et quelques autres y « furent déposés. De nombreux retards fâchèrent le colonel, qui « demanda permission de s'en aller. Les retards continuèrent, « toutefois, jusqu'à ce qu'un Boer arriva, qui enleva au colonel « Benson tous les papiers qu'il avait sur lui, malgré les protes- « tations du colonel que tous ces papiers étaient des papiers par- « ticuliers, qui avaient déjà été inspectés par un commandant « qui avait dit qu'on n'en avait nul besoin. »

E. Rigby, soldat du 4e bataillon du *King's Royal Rifle Corps,* dit que les Boers lui enlevèrent tous ses vêtements, sauf sa chemise. Rigby ne peut pas encore parler bien distinctement.

Hood, soldat du 2e chevau-légers d'Écosse *(Scottish Horse) :* — « J'étais étendu à terre, blessé, quand les Boers s'approchèrent « et m'enlevèrent ma tunique, mon chapeau, mes bottes, quinze « schellings et une montre en métal. Je les vis tirer sur un « autre blessé qui venait me demander de l'eau. »

Alexandre Main, soldat du 2ᵉ chevau-légers d'Ecosse *(Scottish Horse)* : — « Tandis que nous étions étendus par terre, les « Boers s'approchèrent tout près de nous, se tenant à douze ou « quinze mètres du lieu où nous gisions blessés autour des « pièces. Nous étions tous blessés en ce moment, et personne ne « faisait le coup de feu. Je vis ces Boers tirer sur les blessés. Le « capitaine Lloyd, officier d'état-major, était près de moi en ce « moment, blessé à la jambe. Il reçut une ou deux balles de « plus dans le corps, et mourut bientôt après. Je reçus moi-« même trois balles de plus. »

Jamieson, des chevau-légers d'Ecosse (*Scottish Horse*) : — « Les Boers m'enlevèrent mes bottes, et me firent horriblement « mal au bras, qui était fracassé, en m'enlevant ma bandoulière. « J'ai perdu le bras. »

Parrish, soldat du 1ᵉʳ bataillon du *King's Royal Rifle Corps :* — « Le feu avait cessé sur le renflement où nous étions postés, mais « toutes les fois qu'un blessé se montrait, les Boers tiraient sur « lui, et de cette façon ils en tuèrent plusieurs. Un individu qui « agitait un morceau d'étoffe bleue, dans le but de demander « une ambulance, fut frappé d'une vingtaine de balles. »

Prickett, soldat du 4ᵉ bataillon du *King's Royal Rifle Corps :* — « Le 30 octobre j'étais étendu par terre, blessé. Je vis arriver « les Boers, et un vieux Boer à barbe et favoris noirs, que je « reconnaîtrais fort bien, tua mon ami, le soldat F. Foster du « 4ᵉ bataillon du *King's Royal Rifle Corps;* il lui mit la bouche « du canon de son fusil contre le côté. Foster avait tiraillé à « couvert d'un nid de fourmis jusqu'au moment où les Boers « emportèrent la position; alors il jeta son fusil, et leva les « mains, ce qui n'empêcha pas les Boers de le tuer. »

N.-H. Grierson, soldat du *Scottish Horse :* — « Je fus blessé, « et j'étais aux côtés du colonel Benson. Quand les Boers arri-« vèrent, ils voulurent commencer à nous dépouiller. Le colonel « leur défendit de le faire, disant qu'il avait une lettre du com-« mandant Grobelaar, déclarant que les blessés seraient res-« pectés. Le colonel Benson demanda à voir Grobelaar, et on lui « répondit qu'on allait le chercher. Ils ramenèrent un chef, mais « je ne crois pas que ce fût Grobelaar. Le colonel Benson lui dit « qu'on ne devait pas toucher aux blessés, et le chef répondit « qu'il ferait de son mieux. Il protégea lui-même le colonel

« Benson pendant une heure environ, mais il était encore là « quand un des Boers enleva ses éperons et ses guêtres au colonel « Benson. »

Ketley, maréchal des logis au 7e houssards : — « Je fus blessé « à la tête et à la jambe au moment où les Boers allaient « s'élancer sur les canons. J'étais couvert de sang. Un Boer « s'approcha de moi, m'enleva ma carabine et mon revolver, et « m'ordonna de lever les mains. Il m'était impossible de lui « obéir, étant affaibli par la perte de mon sang. Il chargea ma « propre carabine, mit un genou en terre, pressa la carabine « contre sa poitrine, et me visa au cœur; il fit feu, et la balle me « frappa au bras droit, juste au-dessous de l'épaule. »

Bell, soldat du 4e bataillon du *King's Royal Rifle Corps,* 25e infanterie à cheval : — « Quand les Boers arrivèrent, ils m'en« levèrent mes bottes très brutalement, me faisant horriblement « mal à ma jambe blessée. Je les vis prendre les montres et l'ar« gent aux autres hommes. »

C. Connor, soldat du régiment des fusiliers royaux de Dublin (*Royal Dublin Fusiliers*) : — « J'étais étendu à terre près des « canons, parmi un tas de nos blessés, qui ne tiraient pas. « Chaque fois qu'un de nos blessés se remuait, les Boers tiraient « sur lui. Plusieurs hommes, environ dix ou onze, furent tués « de cette façon.

Le lieutenant Bircham, du 4e bataillon *King's Royal Rifle Corps* : — « J'étais dans la même voiture d'ambulance que le lieu« tenant Martin, de la *King's Own Yorkshire Light Infantry,* « (décédé), et il me dit que lorsqu'il était étendu à terre, blessé, « les Boers lui enlevèrent ses éperons et ses guêtres. Pour lui « enlever ses éperons, ils tordirent sa jambe, dont l'os était « fracassé, afin de prendre les éperons plus commodément, et « cela quoique le lieutenant Martin leur eût dit où il était « blessé. »

P. Gower, caporal au 4e bataillon du *King's Royal Rifle Corps,* 25e infanterie à cheval : « Je fus blessé, et je perdis connaissance. « Quand je repris mes sens, les Boers étaient occupés à dévaliser « les hommes autour de moi. Un individu, le soldat Foster, à « quatre mètres de moi, leva les mains en signe qu'il se rendait, « mais il fut tué à une portée d'environ quatre mètres par un « grand Boer à barbe noire. »

Atkins, brigadier de la 84ᵉ batterie d'artillerie royale de campagne (*Royal Field Artillery*) : « Les Boers vinrent à moi, et « me dirent : « Savez-vous manœuvrer ce canon ? » Je répondis ; « Oui. » Le Boer me dit : « Levez-vous et montrez-moi. » Je lui « dis : « Comment le puis-je ? J'ai perdu une main, et je suis « blessé aux deux jambes ? » A vrai dire je n'étais pas blessé « aux jambes. Alors il me dit : « Donnez-moi vos bottes » ; et il les « prit, ainsi que mon imperméable. Il prit aussi l'argent que « j'avais dans ma ceinture. Un de nos hommes, le bombardier « Collins, se leva pour tâcher de déployer un drapeau blanc, car « nous étions sous le feu et du camp et des Boers ; dès qu'il se « leva, ceux-ci se mirent à tirer sur lui. Je vis un Cafre tirer « trois coups à une vingtaine de mètres. »

Collins, bombardier de la 84ᵉ batterie de la *Royal Field Artillery* : — « Tandis que j'étais étendu blessé près des canons après « que les Boers y étaient arrivés, j'essayai de lever un drapeau « blanc, les balles de nos gens tombant tout près de nous. A « chaque fois que je fis la tentative, les Boers tirèrent sur moi. »

Tant qu'il nous a été possible d'excuser un brave ennemi, nous l'avons fait, mais le jour arrive où nous serons forcés de nous retourner vers le monde, preuves en main, et de dire : « Ces choses sont-elles le fait de soldats ou de brigands ? Si ces gens agissent en brigands, pourquoi faut-il donc que nous les traitions toujours en soldats ? » J'ai lu des lettres écrites par des soldats qui ont vu maltraiter leurs camarades à Brakenlaagte. J'espère qu'ils sauront se maîtriser, mais vraiment c'est trop en demander à l'humaine nature.

CHAPITRE XI

CONCLUSION

J'ai discuté les différentes questions tant débattues auxquelles la guerre a donné naissance, et j'espère en avoir dit assez pour prouver que nous n'avons point à rougir de nos soldats, mais seulement de ceux de nos compatriotes qui les ont calomniés. Il y a, toutefois, parmi ceux qui n'approuvent point la guerre, un certain nombre de personnes qui ne se sont point prêtées à de telles menées, mais qui croient de bonne foi que la guerre eût pu être évitée, et que, même après qu'elle avait commencé, nous aurions pu poser des conditions susceptibles d'être acceptées par les Boers. Elles ont pour elles tous les aimables et sensibles idéalistes qui n'ont point approfondi la question bien sérieusement, et que tourmente la crainte que l'Empire britannique en use trop durement avec ces républiques de pasteurs. Une opinion de ce genre est tout aussi juste, et mérite bien plus d'estime que les opinions de certains journalistes dont l'arrogance au début de la guerre nous valut des humiliations. Le meilleur représentant de ces vues, c'est M. Methuen, dont le livre « La Paix ou la Guerre » est une exposition à la fois sobre et forte de la question telle qu'il la comprend. Je vais donc examiner les conclusions auxquelles il aboutit, laissant de côté la question des causes de la guerre, que j'ai analysées plus haut.

M. Methuen établit une comparaison étroite entre la guerre actuelle et la révolution américaine, et sans doute il y a des traits de ressemblance, mais il y a aussi des différences. Nous avions absolument tort envers les Américains, et nous avons absolument raison envers les Boers. Aujourd'hui les peuples de l'Empire sont tous pour nous : nous sommes les maîtres de la mer : nous sommes fort riches. Or ce sont là des éléments nouveaux et de la plus grande importance.

La révolte des états boers contre la suzeraineté de l'Angleterre se rapproche beaucoup plus de la révolte des états du Sud contre le gouvernement à Washington, et la situation en Angleterre après Colenso était analogue à celle aux États-Unis après la bataille de Bull's Run. M. Methuen insiste beaucoup sur le fait que les Boers sont profondément irrités contre nous : mais le sont-ils plus, après tout, que ne l'étaient les Méridionaux contre les hommes du Nord? La guerre entre le Nord et le Sud fut menée jusqu'au bout, et nous voyons aujourd'hui ce qui en est advenu. Je ne prétends pas que l'analogie soit exacte, mais elle est au moins aussi exacte que celle que M. Methuen fonde sur des conclusions fort pessimistes. Il ne tarit pas de prophéties des plus sombres sur notre avenir, mais c'est précisément la nation qui sait faire face à un sombre avenir tête haute et cœur fort qui prouve qu'elle n'a point encore dégénéré. Et il vaut mieux qu'il nous en coûte tout ce qu'il prétend qu'il nous en coûtera que d'hésiter un instant à accomplir notre tâche.

M. Methuen appuie beaucoup sur la façon sotte et fort peu chevaleresque, brutale même, dont certains individus et certains journaux ont parlé de l'ennemi. Je m'imagine qu'il y a fort peu d'hommes bien nés qui n'aient été indignés de ces faits. Mais que M. Methuen prenne donc la peine de jeter les yeux sur la presse du continent et de se rendre compte de la façon dont parlent les partisans de nos ennemis. Il en sera plus disposé à se montrer charitable envers ses propres compatriotes mal élevés. Ou bien encore, qu'il parcoure les journaux hollandais de l'Afrique du Sud, et qu'il se demande si les insultes viennent d'un seul et unique côté. Voici quelques appréciations que j'extrais de la première lettre de P. S. (de Colesberg), au *Times :*

« Vos classes inférieures, paresseuses, sales et ivrognes.

« Vos officiers sont ou des pédants érudits ou de frivoles
« hommes du monde.

« La majeure partie de votre population se compose de femmes,
« de culs-de-jatte, d'épileptiques, de poitrinaires, de cancéreux,
« d'invalides et d'aliénés de toutes sortes.

« Les neuf dixièmes de vos hommes d'Etat et de vos hauts
« fonctionnaires souffrent de maladies de reins

« Nous ne voulons pas être administrés par un tas de chiens « d'Anglais. »

Assurément ce n'est pas fort chevaleresque tout ça ! Ce n'est guère éviter de froisser la susceptibilité de ses adversaires !

Voici la traduction d'un morceau de vers publié dans le *Volksstem*, le 26 août 1899, c'est-à-dire bien des semaines avant la guerre, dans lequel le programme des Boers est exposé tout au long :

« C'est alors que nous entendrons avec bonheur les hurlements « des veuves et les pleurs des enfants ! C'est alors que, témoins « joyeux, nous assisterons à l'agonie de vos scélératesses !

« C'est alors que nous vous massacrerons, que nous vous écra- « bouillerons, et qu'avec délices nous boirons votre sang. Et nous « le compterons capitaux et intérêts — intérêts de gredins — « bons et doux !

« Et quand le soleil se couchera aux cieux, obscurci de nuages « de sang fumant, un râle atroce, horrible, mourant, sera le der- « nier salut de l'Anglais !

« Alors nous nous mettrons gaiement à table, et notre pre- « mier toast sera : « Le sang anglais ! »

Il est hors de doute qu'un Boer quelque peu civilisé doit être aussi honteux de vers de ce genre que nous le sommes de nos journaux chauvinistes : mais il est à noter que les chefs, Reitz, Steyn, et Kruger, se sont permis de parler des Anglais d'une façon qui, heureusement, ne saurait être égalée de notre côté.

M. Methuen se montre très sévère envers lord Salisbury à propos de la réponse catégorique qu'il fit aux ouvertures de paix du président Kruger, au mois de mars 1900. Mais quelle autre ligne de conduite, qui fut pratique, M. Methuen a-t-il à proposer ? N'est-il pas parfaitement clair que d'accorder l'indépendance aux Boers annulerait les résultats de la guerre, puisque dans ce cas toutes les causes qui l'amenèrent, cette guerre, se redresseraient vivaces ? Si nous faisions la paix dans ces conditions, le lendemain nous aurions de nouveau à résoudre la question des Uitlanders, et toutes les autres questions dont le règlement nous a coûté tant de sang. Serait-ce là une politique saine ? On ne saurait même la justifier par des raisons humanitaires, puisqu'il est absolument certain qu'elle nous amènerait fatalement à une autre guerre, plus terrible encore, au bout de quelques années. Nous serions fous de nous arrêter au moment où nous avons achevé plus de la moitié de notre tâche.

Ne nous laissons pas émouvoir non plus par de sombres pronostics. La guerre nous semble longue à nous qui avons eu à l'endurer, mais nos neveux seront probablement d'avis que nous n'avons mis que peu de temps à conquérir un si vaste pays et à vaincre un ennemi si résolu. Notre tâche n'est point interminable · déjà nous tenons entre nos mains les quatre cinquièmes de la population mâle du pays, et le dernier cinquième diminue de semaine en semaine, tandis que la mobilité et l'efficacté de nos troupes s'augmentent. Les jérémiades de M. Methuen sur l'état de notre armée sont parfaitement inutiles, car l'armée est bien plus formidable qu'elle ne l'était au commencement de la guerre. Fatalement, le dernier commando sera aux abois dans quelques mois, et cependant la vie civile reprend. La Colonie de la Rivière Orange a déjà un revenu qui suffit à ses dépenses, et sous peu le Transvaal se trouvera dans un état tout aussi satisfaisant. L'industrie se réveille, et sur la Rand le bruit des broyeurs a remplacé le bruit du canon ; bientôt il y aura quinze cents machines à l'œuvre, et les réfugiés reviennent au nombre de quatre cents par semaine.

On affirme que l'irritation évoquée par la guerre ne disparaîtra jamais, mais l'histoire enseigne que ce sont précisément les guerres qui ont été poussées à bout qui laissent derrière elles le moins d'irritation. Il faut se rappeler les belles paroles du général Lee : — « Nous sommes une nation chrétienne. Nous nous sommes « battus de notre mieux, et le plus longtemps possible. Nous « sommes vaincus. Donc il ne nous reste, étant des chrétiens, « qu'une seule chose à faire : c'est d'accepter la situation. » C'est ainsi qu'un brave se soumet au jugement du Dieu des armées, et nous espérons que c'est ce que ferons les Boers au bout du compte. Les camps de prisonniers et les camps de concentration les ont au moins mis en rapport avec nos gens, et il se peut que les souvenirs qu'ils laisseront ne seront pas tous pénibles. La providence agit d'étrange façon parfois, et il est possible que même dans ces camps la semence de la réconciliation ait été semée.

Quant à ce qui arrivera prochainement, il est probable que le Transvaal, vu l'affluence d'immigrants que la prospérité lui amènera, sera bientôt, sauf le Natal, la colonie la plus anglaise dans l'Afrique du Sud. Le Natal étant anglais, la Rhodésia et le Transvaal aussi, la Colonie du Cap moitié anglaise, moitié hollandaise, et la Colonie de la Rivière Orange seule hollandaise, les Anglais auront la majorité dans le parlement de l'Afrique Australe Unie. Il serait bon de laisser le Natal incorporer le district de Vryheid, qui fait partie du Transvaal pour le moment.

Il me semble — et j'émets cette idée avec beaucoup de timidité, — qu'il serait possible et qu'il serait sage de créer un territoire boer dans les districts de Watersberg et de Zoutpansberg, dans le nord du Transvaal, et d'y laisser vivre les Boers comme vivent les Basutos dans le Basutoland, les Peaux-Rouges sur le territoire indien, et les naturels dans les protectorats de l'Inde. On leur garantirait, tant qu'ils demeureraient tranquilles sous le drapeau anglais, protection contre les mineurs et les chercheurs d'or. Ils y pourraient vivre à leur façon, sous une forme de gouvernement autonome de leur choix. Les irréconciliables, qui ne pourraient frayer avec les Anglais, y trouveraient une patrie, et les colonies anglaises se sentiraient plus en sûreté si elles pouvaient ainsi mettre en quarantaine les individus capables de communiquer leurs haines à leurs voisins. Un état constitué de la sorte ne saurait être une source de danger, puisque nous serions à même de fermer toutes les routes par lesquelles il pourrait faire provision d'armes. Je sais très bien que Watersberg et Zoutpansberg ne sont pas des lieux où l'on aimerait à s'établir, mais personne n'y serait forcé. Mais sans quelque arrangement de la sorte, l'Empire se trouvera sans bouche de sûreté dans l'Afrique du Sud.

Je ne saurais terminer ce sommaire des affaires d'Afrique sans dire un mot de l'attitude des nations du continent pendant la lutte. Quant aux gouvernements leur attitude a toujours été correcte, mais celle des peuples, au contraire, a été presque toujours autre. Des hommes braves et éclairés, tels que M. Yves Guyot en France et MM. Tallichet et Naville en Suisse, se sont montrés nos amis, ou plutôt, les amis de la vérité. Mais le plus grand nombre dans n'importe quelle nation s'est laissé emporter par le torrent de préjugés et de mensonges vomi par une presse vénale, ou tout au moins ignorante. Dans notre pays le peuple parvient toujours à imposer sa volonté à l'administration, et ce peuple, je le crois, s'est arrêté à certaines conclusions fort nettes qui influeront sur la politique de la Grande-Bretagne pendant bien des années.

Nous ne ressentons guère d'irritation contre la France, car nous reconnaissons que la France n'a que rarement eu l'occasion de nous envisager autrement que comme ennemis. Depuis bien des années nous avons cherché à être de ses amis, mais il n'est pas facile d'oublier les traditions séculaires. Et, d'ailleurs, certaines fautes de notre part sont encore un peu trop récentes. Beaucoup parmi nous furent et sont à l'heure qu'il est, honteux de la manifestation d'hystérie et d'absurdité qui se produisit chez nous à propos de l'affaire Dreyfus. Il était loisible d'exprimer une opinion, mais après être tombés à bras raccourcis, au figuré, sur les Français à ce propos, nous n'avons vraiment pas le droit de nous plaindre si à notre tour nous sommes critiqués, quant à notre caractère et à notre moralité, d'une façon indue.

Nous ne saurions porter rancune à la Russie non plus, sachant fort bien que dans ce pays il n'y a pas d'opinion publique à proprement parler, et que la presse n'a pas les moyens d'obtenir ses renseignements de première main. Et puis, là aussi, il y a une certaine hostilité séculaire qui fait comprendre que les jugements soient faussés.

Mais tout autre est le cas de l'Allemagne, car mainte et mainte fois nous avons été les amis et les alliés de ces gens. Il en était ainsi du temps de Marlborough, du grand Frédéric et de Napoléon. Quand nous ne les aidions pas par des renforts de troupes, c'était de notre argent. Ce fut notre flotte qui écrasa leurs ennemis. Et quand pour la première fois nous avons l'occasion d'apprendre quels sont nos amis en Europe, c'est précisément la presse allemande et la nation allemande qui débordent contre nous de haine et de calomnies. Leurs meilleurs journaux ne se sont point fait faute d'accuser nos troupes, qui sont tout aussi humaines et tout aussi disciplinées que les leurs, non seulement d'avoir commis des attentats contre la personne et la propriété, mais encore d'avoir assassiné les femmes et les enfants.

Tout d'abord ce phénomène ne fit que surprendre la nation anglaise, puis il lui fit de la peine, et enfin, après que cela eut duré deux ans, il éveilla un profond et durable ressentiment. Il y a un bruit qui court de temps à autre, et qui paraît être fondé — c'est qu'il existe un accord secret en vertu duquel, dans certaines circonstances, la Triple Alliance aurait le droit de réclamer le secours des flottes anglaises. Le nombre de personnes en Europe qui savent la vérité là-dessus est probablement fort restreint. Mais si la chose est, il ne sera que juste de dénoncer le traité le plus vite possible, car il se passera bien des années avant que le public anglais oublie la conduite des Allemands et la leur pardonne. Et nous ne saurions tenir le gouvernement allemand absolument quitte de responsabilité, car nous savons que la nation allemande est admirablement disciplinée, et nous ne saurions croire que l'anglophobie ait pu être poussée jusqu'à la folie sans avoir été encouragée officiellement, ou du moins malgré un désaveu officiel.

L'agitation atteignit son comble à propos de l'allusion à la guerre de 1870 faite par M. Chamberlain dans son discours à Edimbourg. Dans ce discours, M. Chamberlain fit remarquer avec raison que quelque sévères que fussent les mesures que nous pourrions être amenés à prendre contre les guérillas, nous pourrions facilement les justifier par les précédents pris dans l'histoire de campagnes antérieures : la campagne française en Algérie, la campagne russe dans le Caucase, la campagne autrichienne dans la Bosnie, la campagne allemande en France. Il va sans dire que cette remarque n'était nullement un reproche adressé à ces divers pays, mais que c'était une simple indication des précédents militaires qui justifieraient des mesures semblables. Il est vrai que lorsque les Allemands envahirent le territoire français, ils ne se virent point contraints de dévaster le pays, pour la bonne raison qu'ils n'eurent jamais à lutter contre une guerre de guérilla universelle telle que celle avec laquelle nous avons à compter. Mais néanmoins ils firent le procès court et bon aux francs-tireurs et aux individus qu'ils attrapaient à couper les fils télégraphiques : tandis que nous n'avons jamais mis à mort un seul vrai Boer pour cette cause. Il se peut, sans doute, que ce ne soit pas les Allemands qui ont été trop sévères, mais nous qui avons été trop cléments. En tout cas, il est clair que la remarque n'avait rien d'offensant, et ceux qui se sont renseignés à bonne source sur la conduite des troupes anglaises pendant la guerre, savent parfaitement qu'il n'y a pas de troupes au monde qui ne dussent être fières d'être comparées aux nôtres pour la valeur et l'humanité.

Mais les meneurs ne se donnèrent pas même la peine de s'assurer qu'ils savaient ce qu'avait dit M. Chamberlain, quoiqu'ils eussent pu le lire dans l'original dans la salle de lecture du plus proche hôtel. Le pays tout entier bondit de colère sur la foi d'un rapport controuvé, et de nombreuses réunions se tinrent dans le but d'exprimer l'indignation que l'on ressentait. Il se trouva 608 pasteurs assez faibles d'esprit et de cœur pour se laisser aveugler par des contes absurdes d'atrocités anglaises, et ces révérends sires signèrent une protestation outrageante contre lesdites atrocités. L'affaire était si artificielle, et en tout cas, si évidemment fondée sur un malentendu, que chez nous elle excita le rire autant que la colère. Mais tout de même l'honneur de notre armée nous est cher, et les attaques renouvelées qui ont été dirigées contre elle ont produit un ressentiment durable dans nos cœurs, sentiment qui ne disparaîtra point, qui ne doit point disparaître, avec la génération actuelle. L'on peut affirmer sans crainte que si, il y a cinq ans, l'Allemagne avait subi une défaite complète dans le cours d'une guerre européenne, l'Angleterre serait assurément intervenue en sa faveur. Jamais l'opinion publique et la parenté de races n'eussent toléré que nous la laissassions être écrasée. Mais aujourd'hui c'est autre chose, et il est certain que pendant bien des années l'Angleterre ne donnera ni la vie d'un seul soldat, ni une seule guinée dans n'importe quelles circonstances pour sauver l'Allemagne. C'est là un étrange résultat de la guerre boer, et il se peut fort bien qu'au bout du compte ce soit le résultat le plus important.

Et pourtant il faut pardonner un peu à des gens à qui depuis des années on n'a fait connaître qu'un seul côté de la question, et cela renforcé par toutes sortes de faussetés et de traîtresses inventions. Assurément le jour viendra où la vérité se fera jour, si ce n'est que parce que les sources de corruption se seront taries. Il est difficile de comprendre qu'aucune politique durable puisse se fonder sur le mensonge. Et quand ce jour viendra, et que les nations européennes comprendront combien elles ont été aveuglées et utilisées par une poignée d'individus retors et dénués de scrupules, il se peut que l'Europe reconnaisse la dignité et l'inébranlable résolution de la Grande-Bretagne. En attendant que le jour se fasse, nous marcherons toujours en avant, ne nous détournant ni à droite ni à gauche, et gardant l'œil sur le grand but auquel nous visons, l'établissement d'une Afrique du Sud d'où les luttes seront à jamais bannies, et dans laquelle Boers et Anglais jouiront des mêmes droits et de la même liberté, d'une loi unique qui les protégera, et d'un amour semblable pour leur patrie qui les unira en une seule nation.

APPENDICE

Une lettre du commandant Tobias Smuts au général Botha, tombée entre les mains des Anglais, éclaire singulièrement la question des camps de concentration et celle de l'incendie des fermes. Le commandant Smuts dit :

« Il y a des mois déjà que le général Chris Botha incendia « des maisons dans la Sambaasland, qui n'est pas territoire « neutre... la ferme de M Bernardus Johnstone fut brûlée, en « partie du moins par Chris Botha, de même que la demeure de « Frank Johnstone. Quand nous étions à Pietretief, la maison « de Von Brandis fut brûlée, et l'on me dit que c'était « par « ordre supérieur. » Selon moi, ce n'est point le nombre de mai- « sons incendiées qui constitue une infraction au principe.

« Et encore, par rapport au transport des femmes... vous « m'intimâtes l'ordre de renvoyer les femmes contre leur gré, et « quand je vous demandai ce qu'il me faudrait faire si les Anglais « refusaient de recevoir les femmes, vous me répondîtes que dans « ce cas c'était à moi de les débarquer dans les lignes de l'en- « nemi. »

Il ne paraît donc pas que le général boer eut le moindre doute par rapport à notre humanité.

En réponse à une plainte formulée par Schalk Burger à propos du traitement accordé aux femmes, le général Kitchener se mit en mesure de s'assurer de la bonne foi du Boer. « J'ai l'hon- « neur, lui répondit-il, de vous faire savoir que toutes les femmes « et tous les enfants actuellement dans nos camps qui seraient « disposés à les quitter, seront remis aux soins de Votre Honneur, « et je vous prie de bien vouloir me faire savoir dans quel lieu

« vous désirez qu'ils vous soient remis. » Mais Schalk Burger n'accepta point la proposition.

Le 6 décembre, le général Kitchener rédige un rapport sur l'origine des camps de concentration, rapport qui prouve que nous fûmes forcés de les établir en conséquence de la conduite des chefs boers. Voici ce que dit lord Kitchener :

« Dans les premiers mois de l'année un grand nombre de « bourgeois qui s'étaient rendus se plaignirent à moi de ce que, « après qu'ils avaient mis bas les armes, leurs familles étaient « maltraitées, et leur bétail et leurs biens confisqués par ordre « des commandants-généraux du Transvaal et de l'Etat Libre « d'Orange. Ces mesures paraissent avoir été prises par suite « d'une circulaire datée de Roos-Senekal, le 6 novembre 1900, « dans laquelle le commandant-général dit : « Faites tout ce « que vous pourrez pour empêcher les bourgeois de mettre bas « les armes. Au cas où ils n'obéiraient pas à l'ordre présent, je « me verrais forcé de confisquer tous leurs biens, meubles et « immeubles, et de brûler leurs demeures. »

« Je saisis l'occasion, lors de mon entrevue avec le comman- « dant-général Louis Botha, de lui parler de cette affaire, et je « lui déclarai que s'il persistait dans cette ligne de conduite, je « serais forcé de faire passer toutes les femmes et les enfants « dans nos lignes, avec le plus possible de leurs biens, afin de « les protéger contre les faits et actes de ses bourgeois. Je lui « demandai encore de s'engager à épargner les fermes et les « familles de bourgeois qui auraient mis bas les armes ou qui « restaient neutres, auquel cas je m'engagerais de mon côté à « laisser tranquilles les familles et les fermes des bourgeois en « commando, pourvu que ces familles ne portassent point secours « à leurs parents. Le commandant-général refusa catégorique- « ment de discuter ma proposition. « La loi, dit-il, me donne « le droit de forcer tout homme à rallier un commando, et, dans « le cas de ceux qui s'y refuseraient, de confisquer leurs biens et « d'abandonner leurs familles sur la veldt. » Je lui demandai alors « ce que je pouvais faire pour protéger les bourgeois qui s'étaient « rendus et leurs familles, et il me répondit : « Vous n'avez « qu'une chose à faire; c'est de leur faire quitter le pays, car si « je mets la main sur eux, ils auront à pâtir. » Après cela, il « n'y avait plus rien à dire, et comme les opérations militaires « ne permettent pas que l'on protège les individus, je me vis forcé

« de suivre mon plan de conduire les habitants de certaines par-« ties du territoire derrière nos lignes, afin de les mettre en « sûreté. Je communiquai ma décision au commandant-général « par lettre officielle datée de Prétoria, le 16 avril 1901, lettre « dont j'extrais le passage suivant :

« Ainsi que j'ai eu l'honneur de le dire à Votre Honneur à « Middelburg, je me vois forcé, bien malgré moi, de prendre des « mesures, qui me répugnent fort, pour cantonner les femmes et « les enfants dans nos lignes, en vue de la façon irrégulière dont « vous avez dirigé et continuez à diriger les hostilités, à savoir, en « forçant des habitants paisibles à rallier vos commandos contre « leur gré, procédé absolument contraire aux usages établis de « la guerre. »

« Les souffrances de ces malheureux, souffrances que je m'ef-« force de mon mieux de soulager, m'inspirent la plus vive sym-« pathie; et je ne comprends pas, le monde civilisé ne comprend « pas, comment Votre Honneur peut se croire autorisé à conti-« nuer de faire souffrir si grièvement les habitants du Transvaal « en continuant une lutte inutile et désespérée. »

Le comte Hübner est un général autrichien, fils de feu le baron Hübner, ambassadeur d'Autriche-Hongrie. A son retour de l'Afrique du Sud, il accorda une interview à un représentant du *Daily Telegraph.*

« Ce qui m'a plus frappé, dit-il, c'est les soins et la générosité « que l'on apporte à l'amélioration de la situation des vieillards, « des femmes et des enfants dans les camps de concentration.

« Je ne saurais dire jusqu'à quel point les conditions de la « guerre imposaient l'incendie des fermes, mais d'après ce que « j'ai appris, j'en conclus que les exigences militaires auraient « forcé tout général commandant une armée civilisée à faire de « même. A mon avis, ce qui est tout à fait extraordinaire, « c'est l'étonnante humanité dont les Anglais ont fait preuve « envers les victimes de la guerre. Je ne puis vraiment suggérer « le moindre perfectionnement. Mais, par-dessus tout, je désire « contredire formellement l'accusation que des femmes et des « jeunes filles ont été amenées dans les camps ou en ont été tirées « dans un but immoral. Toutes les fois que je me suis trouvé en « rapport avec les troupes, et je l'ai été très souvent, j'ai été

« frappé de la parfaite tenue et de la conduite des soldats. Je « n'ai jamais vu, par exemple, un soldat ivre. »

Le comte Hübner a ressenti beaucoup de peine à la lecture des calomnies, publiées par les journaux du continent. « Je ne sais d'où « elles partent, dit-il, car pendant mon séjour dans l'Afrique du « Sud, je n'ai jamais entendu parler d'un seul correspondant de « journaux étrangers. La conduite des autorités anglaises, « civiles et militaires, a été tout entière distinguée par une « humanité extrême et exceptionnelle. »

Voilà ce que dit un loyal et véridique gentilhomme.

TABLE DES MATIÈRES

Paris. — Imp. Paul Dupont (Cl.).

www.ingramcontent.com/pod-product-compliance
Ingram Content Group UK Ltd.
Pitfield, Milton Keynes, MK11 3LW, UK
UKHW022100190726
13855UKWH00002B/561